dtv

Platon zählt zu den bedeutendsten Denkern aller Zeiten. Wie der britische Philosoph und Mathematiker Alfred North Whitehead sagte: man kann die Geschichte der westlichen Philosophie auch als eine Serie von Fußnoten zu Platon sehen. Seine Werke verfasste dieser zum Großteil in Dialogform. Im Gespräch mit Platon erfahren wir mehr über seine Ideen – beispielsweise über die Rolle der Philosophen-Könige, das Konzept der platonischen Liebe oder das Höhlengleichnis.

Donald R. Moor ist Professor Emeritus für Philosophie in Portland (Oregon) an der Portland State University, wo er über 40 Jahre lang gelehrt hat.

Robert M. Pirsig ist der Autor des philosophischen Bestsellers ›Zen und die Kunst ein Motorrad zu warten‹

Donald R. Moor

AUF EINEN KAFFEE MIT PLATON

Mit einem Vorwort
von Robert M. Pirsig

Aus dem Englischen
von Mara-Daria Cojocaru

Deutscher Taschenbuch Verlag

Außerdem in der Reihe *Auf einen Kaffee mit …*

Jonathan Barnes, *Auf einen Kaffee mit Aristoteles* (Dezember 2009)
Carlos I. Calle, *Auf einen Kaffee mit Einstein* (dtv 34546)
Joan Duncan Oliver, *Auf einen Kaffee mit Buddha* (dtv 34514)
James Hall, *Auf einen Kaffee mit Michelangelo* (dtv 34516)
Simon Louvish, *Auf einen Kaffee mit Groucho Marx* (2010)
Yona Zeldis McDonough, *Auf einen Kaffee mit Marilyn* (dtv 34515)
Julian Rushton, *Auf einen Kaffee mit Mozart* (dtv 34545)
Michael White, *Auf einen Kaffee mit Newton* (Dezember 2009)

Deutsche Erstausgabe
Mai 2009
Deutscher Taschenbuch Verlag GmbH & Co. KG,
München
www.dtv.de

Titel der Originalausgabe: *Coffee with Plato*

Umschlagkonzept: Balk & Brumshagen
Umschlagbild: akg-images
Satz: Greiner & Reichel, Köln
Gesetzt aus der Thesis Serif und der Thesis Mix
Druck und Bindung: Druckerei C. H. Beck, Nördlingen
Gedruckt auf säurefreiem, chlorfrei gebleichtem Papier
Printed in Germany · ISBN 978-3-423-34544-6

Inhalt

Vorwort von Robert M. Pirsig

Es gibt da eine alte hinduistische Geschichte von einem Fisch, der oben und unten, nah und fern dieses mysteriöse Ding sucht, von dem er gehört hat: Wasser. Er sucht und sucht und wird doch niemals fündig. Das gleiche Problem begegnet uns, wenn wir versuchen, Platon genau auszumachen, da es so schwer ist, ihm *nicht* zu begegnen. Wir leben in Platons Geist. Wann immer wir über Dinge nachdenken und dabei die Methode der Dialektik anwenden, ahmen wir ihn schon nach. Wie schon Alfred North Whitehead sagte: »Die sicherste, allgemeingültige Aussage, die wir über die philosophische Tradition Europas machen können, ist, dass sie im Ganzen eine Reihe von Fußnoten zu Platon ist.«

Wenn Anwalte vor Gericht einen Rechtsstreit austragen, benutzen sie Platons Dialektik. Wenn die Mitglieder der Geschäftsleitung eines Unternehmens beschließen, in welche Richtung sich die Firma entwickeln soll, verfahren sie dabei auch im dialogischen Sinne Platons. Wenn in einem Parlament oder Kongress die Zukunft eines Staates bestimmt werden soll, hält man sich dabei an Platons Regeln.

Selbst wenn wir im Stillen »bei uns« beraten, was wir als Nächstes mit unserem Leben anstellen sollen, ist das ein Dialog im Sinne Platons. Und wenn wir zur Schule gehen, betreten wir eigentlich eine Nachfolgeinstitution von Platons ursprünglicher Akademie, und das, was wir dort lernen, ist das, was Sokrates und Platon gelehrt haben: Bleib immer offen für neue Dinge. Ziehe verschiedene Antworten in Betracht und untersuche jede sorgfältig daraufhin, welche die Beste zu sein scheint. Lass dich bei dieser Suche nicht von Emotionen leiten. Drohe nicht mit Gewalt, um andere zu deiner Ansicht zu bringen. Denke achtsam und ruhig nach und wähle aus allen Antworten diejenige aus, die am besten geeignet zu sein scheint, um in deiner Lebensführung Sinn zu machen, und wenn du dies tust, wird nicht nur dein Leben, sondern auch das Leben der Menschen um dich herum stetig besser werden.

Das, woran Sokrates und Platon, ihre Anhänger ebenso wie einige der Vorsokratiker arbeiteten, war insofern ein vollkommen neues intellektuelles Verständnis: Wissen und Logik sowie die Kunst der Argumentation würden ausreichen, um die Geschicke der Welt zu lenken. Heute erscheint uns das alles so natürlich und offensichtlich, dass es schwer fällt, anzunehmen, da habe sich jemand hingesetzt und das alles erfunden. Aber denken

Sie nur daran, wie die Welt ausgesehen hat, bevor Platon geboren wurde, denken Sie an heutige Länder, wo Platons Art zu Denken nie verstanden worden ist, und Sie werden sehen, was für ein großartiges Geschenk er uns hinterlassen hat.

Wenn wir heute Platon studieren, fällt uns wahrscheinlich als Erstes auf, wie sehr er sich von unserer modernen Art zu denken unterscheidet, und es ist normal, zu glauben, dass er falsch und wir richtig liegen. Dennoch können wir von seinem Rat, immer offen für Neues zu bleiben, enorm profitieren. Versuchen Sie nachzuvollziehen, was ihn dazu bewegte, so zu denken, wie er dachte. Und überlegen Sie sich vielleicht, was die Menschen in 2400 Jahren von unseren Denkweisen und Gebräuchen halten werden.

Einleitung

Vieles hat dazu beigetragen, dass Platon diese zentrale Stellung in der europäischen Philosophiegeschichte einnimmt. So war er der erste westliche Philosoph, dessen Werk weitestgehend vollständig überliefert worden ist. Aufgrund der Themenvielfalt, der Klarheit im Denken und der Faszinationskraft, die von ihm ausgeht, ist sein Werk so einflussreich geblieben. Platons häufiger Gebrauch literarischer Mittel – Mythen, Metaphern und Allegorien – vermochte Leser bei der Stange zu halten, die reinen Abhandlungen womöglich weniger Aufmerksamkeit geschenkt hätten.

Platon legte seine eigenen Ansichten nicht direkt dar, sondern ließ die Charaktere in seinen Dialogen für sich stehen – und zeigte seinen Lesern so unterschiedliche philosophische Sichtweisen. Diese Zurückhaltung seiner eigenen Ansichten ließ Raum für radikal verschiedene Interpretationen seines Werks, angefangen bei jenen quasi-religiösen Doktrinen der Neu-Platoniker bis zu den kategorisch anti-metaphysischen Ansätzen der modernen analytischen Philosophie.

In dem hier vorliegenden, fiktiven Gespräch wird Platon dazu aufgefordert, selbst Stellung zu beziehen. Dabei werden in diesen Dialogen fast vollständig all die literarischen Stilmittel vermieden, die es ermöglicht haben, dass so oft religiöse und metaphysische Vorstellungen mit ihm assoziiert worden sind. Die Diskussion konzentriert sich vor allem auf die fundamentalen gesellschaftlichen, politischen und philosophischen Themen, bei denen es sehr wahrscheinlich ist, dass Platon eindeutige Ansichten gehabt haben dürfte. Hier also treffen wir Platon auf dem Terrain, das für uns alle noch heute von Bedeutung ist.

Platon (428/427-348/347 v. Chr.): Sein Leben in Kürze

427 v. Chr. befand sich Athen auf dem Höhepunkt seines Ruhmes und war schon in den Kampf verwickelt, der zu seinem Niedergang führen sollte. Der Großteil der architektonischen Monumentalbauten war vollendet: der Parthenon zierte die Akropolis und der Tempel des Hephaistos beherrschte den Bezirk der Metallarbeiter. Die Stücke der besten Dramatiker wurden in den Theatern aufgeführt. Aischylos war seit zehn Jahren tot, Sophokles auf dem Gipfel seiner Karriere und Euripides hatte seine ersten Stücke geschrieben.

Ein beachtliches Imperium war zusammengetragen worden. Der delische Seebund, ein maritimes Verteidigungsbündnis, hat sich zu einer Vereinigung entwickelt, in der Athen dominierte. Die Stadt war dabei, zum intellektuellen Zentrum der griechischen Welt zu werden. Die Sophisten – umherreisende Rhetoriklehrer – stellten althergebrachte Denkweisen in Frage. Unter ihnen war Protagoras der provokativste. Er lehrte, dass Erscheinung und Wirklichkeit nicht eindeutig voneinander zu unterscheiden seien und meldete auch Zweifel hinsichtlich der Existenz von Göttern an. Aus Athen stammende Gelehrte, unter ihnen der barfüßige Sokrates, trugen viel zum geistigen Nährboden dieser Zeit bei.

Doch der Peloponnesische Krieg gegen Sparta bestimmte das Schicksal Athens. Im Jahre 427 v. Chr. war der Krieg erst vier Jahre alt, aber er war den Athenern schon teuer zu stehen gekommen. In der Zeit der Belagerung war die Stadt von der Pest heimgesucht worden, welche die Bevölkerung um ein Viertel dezimiert hatte und ihr ihren großen, demokratischen Führer, Perikles, genommen hatte. Diese Unglücksfälle waren nur der Beginn einer ganzen Reihe von Heimsuchungen, die der lange Krieg den Athenern brachte.

Eine der negativen Folgen des Krieges war die Verschärfung der Rivalität zwischen den Befürwortern der Demokratie, also derjenigen, die sich Perikles angeschlossen hatten, und der Aristokratie. Zu den führenden Familien der Aristokratie gehörte auch diejenige, in welche Platon zwischen 428 und 427 v. Chr. geboren wurde. Sein Vorname konnte Aristokles gewesen sein und Platon nur ein Bei- bzw. Spitzname. Er hatte zwei ältere Brüder, Glaukon und Adeimantos, sowie eine Schwester, Potone. Als er noch sehr jung war, starb sein Vater, und seine Mutter heiratete ihren Onkel. Anders als seine übrigen Verwandten hatte sein Stiefvater, ein ehemaliger Verbündeter des Perikles, Kontakte zur Anhängerschaft der Demokratie.

Als Mitglied der Aristokratie genoss Platon die Privilegien der Reichen und zweifellos die beste Erziehung. Er muss aller Wahrscheinlichkeit nach Unterweisungen in Mathematik, Musik und Dichtung erfahren haben. Seine Schriften sind durchzogen von Zitaten von Homer und anderen Dichtern. Diogenes Laertius, der einige Jahrhunderte nach Platon gelebt hat, aber Zugang zu Zeugnissen früherer Zeiten hatte, berichtet, dass Platon ein Stück geschrieben hatte, das er zu einem Wettbewerb hatte einreichen wollen. Angeblich soll er das Stück aber vernichtet haben, nachdem er mit den Ideen von Sokrates (469–399 v. Chr.) in Berührung gekommen war. Das Beispiel dieses bescheidenen ehemaligen Steinmetzen, der es vermochte, das Selbstbild der »weisesten Männer« Griechenlands zu zerstören, muss einen enormen Eindruck bei dem jungen Platon hinterlassen haben.

Sokrates' Suche nach zufriedenstellenden Definitionen von Gerechtigkeit, Mut, Weisheit und Ähnlichem, brachte Platon schließlich dazu, dies als die Essenz der Philosophie anzusehen. Das Gedankengebäude, welches wir als Platonismus kennen, basiert auf der Unterscheidung zwischen diesen abstrakten Eigenschaften und den konkreten Individuen, die sie besitzen.

Der Krieg mit dem Peloponnesischen Bund unter der Führung von Sparta dauerte die ganze Kindheit und Jugend Platons über an, bis er in einer Niederlage Athens im Jahr 404 v. Chr. endete. Über Platons Jugend gibt es wenig verlässliche Informationen, aber es wird berichtet, dass er ein erfolgreicher Ringer gewesen sein soll. Seinen Militärdienst hat er sehr wahrscheinlich in den letzten Kriegsjahren geleistet. Aufgrund seines gesellschaftlichen Status dürfte er in der Kavallerie gedient haben.

Nach der Kapitulation der Athener 404 v. Chr. zwangen ihnen die Spartaner die Herrschaft einer Gruppe von 30 Männern aus der athenischen Aristokratie auf. Unter den Führenden dieser Gruppe waren zwei Verwandte Platons, Kritias und Charmides, sein Cousin zweiten Grades und sein Onkel. Man bot dem jungen Platon an, dieser Regierung beizutreten, aber er zögerte, da er zunächst sehen wollte, wie sie regierten. Nach wenigen Monaten war klar, dass sie den Namen verdienten, unter denen sie in der Geschichte bekannt wurden: »die dreißig Tyrannen«. Die Gesetzlosigkeit, die ihr Wesen und ihre Herrschaft ausmachte, verstörte Platon zutiefst.

Ihr massenhaftes Morden, ihre zahlreichen Verbannungen und die Versuche, jeden einflussreichen Bürger in ihre Verbrechen zu verwickeln, stießen Platon so sehr ab, dass er den Sieg der Demokraten in dem 403 v. Chr. ausgebrochenen Bürgerkrieg willkommen hieß. Sowohl Kritias als auch Charmides waren während der Kämpfe ums Leben gekommen. Kritias Tod führte zu einem Führungsvakuum in der Gruppe der Dreißig, und die Junta brach zusammen. Über Platons Reaktionen auf den Tod seiner beiden Verwandten ist nichts bekannt. Beide hat er jedoch später in seinen Dialogen positiv dargestellt.

Obwohl sich die demokratischen Führer großmütig gegenüber ihren besiegten Rivalen zeigten, verloren auch sie bald die Unterstützung des 28-jährigen Platons, als sie im Jahre 399 v. Chr. Sokrates wegen Sittenwidrigkeit und Verhetzung der Jugend zum Tode verurteilten. Von seiner eigenen Stadt enttäuscht soll Platon dann über zwölf Jahre auf Reisen verbracht haben. Zuerst besuchte er die nahe gelegene Stadt Megara, wo er unter früheren Freunden von Sokrates die Gesellschaft Verbündeter im Geiste fand. Später besuchte er den Mathematiker Eudoxos in Kyrene, Nordafrika, und in Süditalien die Gemeinschaft der Pythagoräer, wo er auch noch ein paar der Mitglieder aus ihrer Zeit als Gefährten von Sokrates in Athen kannte. Über die Gründe seiner Reise nach Syrakus auf Sizilien ist nichts bekannt, aber dort traf er einen jungen Mann, der zu einem seiner engsten Freunde und größten Bewunderer werden sollte: Dion, der Schwager des Tyrannen Dionysos. Dion war ein intelligenter Mann und sehr an Platons Philosophie interessiert, insbesondere an dessen Gedanken über die Regierung.

Nach langer Abwesenheit kehrte Platon dann zurück nach Athen und gründete im Jahr 387 v. Chr. seine Akademie am Rande der Stadt. Dort versammelte er die besten Köpfe der griechischen Welt. Eudoxos zählt zu den Berühmtesten der ersten Mitglieder, aber auch jüngere Mathematiker verdienten sich dort wissenschaftliche Anerkennung. Platon hat einen seiner Dialoge nach Theaitetos benannt, der zu großen Ehren gelangte, nachdem er in relativ jungen Jahren bei einer Schlacht ums Leben gekommen war. Ein weiterer Mathematiker aus »seinem Stall« war Platons Neffe Speusippos, und das berühmteste Mitglied der Akademie war natürlich der Philosoph Aristoteles – er stammte aus Makedonien, wo sein Vater Physiker am Hofe des Königs war. Aristoteles war mit achtzehn Jahren als Student zu Platon gekommen und blieb bis zu dessen Tod zwanzig Jahre später.

Es gibt keine detaillierten Aufzeichnungen über den Akademiebetrieb, aber es gilt als sicher, dass sowohl Mathematik als auch Philosophie intensiv und auf höchstem Niveau betrieben wurden. Des Weiteren dürften naturwissenschaftliche Fragen, auch astronomischer Natur, die Akademiker beschäftigt haben. Die außerordentliche Bandbreite von Aristoteles' Interessen dürfte die Vielfalt der hier behandelten Themen gut widerspiegeln.

Sowohl zu Platons Lebzeiten als auch noch Jahrhunderte später spielte die Akademie eine wesentliche Rolle in der mathematischen Forschung. Die Festkörper-Geometrie wurde von Theaitetos erheblich weiterentwickelt. Er bewies, dass es nur fünf Körper gebe, deren Seiten alle identische, reguläre Vielecke sind: die fünf platonischen Körper. Wahrscheinlich führte Platons Beharren darauf, dass die Mathematik auf gut bewiesenen Fundamenten aufgebaut werden müsse, schließlich zur Systematisierung der Geometrie durch Euklid ein Jahrhundert später.

Platon hielt offenbar auch Vorlesungen über philosophische Fragen. Aristoteles berichtet von einer Gelegenheit, da Platon über das Gute sprach. Das Thema zog eine große Zuhörerschaft an – von denen die meisten Aristoteles zufolge überaus enttäuscht waren, als sie langwierigen Erörterungen über Mathematik beiwohnten. Aristoteles war am Ende der Vorlesung angeblich fast alleine. Es ist schwer zu sagen, was von diesem Bericht zu halten ist, nachdem Platon andererseits ein erfolgreicher Leiter der Akademie war und seine Schriften ihn als einen charmanten und geistreichen Mann ausweisen.

Wir wissen nicht genau, wann Platons lange Karriere als Autor begann, aber einige seiner Werke sind vermutlich nicht lange nach Sokrates' Tod entstanden. Die *Apologie*, die Sokrates' Verteidigung vor Gericht zum Thema hat, müsste recht bald nach dem Ereignis verfasst worden sein. Abgesehen von der *Apologie* – die im Übrigen keinesfalls eine Apologie im Wortsinn ist – und von ein paar Briefen ist alles, was von Platon überliefert wurde, in Dialogform verfasst. Es existieren etwa 30 eigenständige Arbeiten.

Die meisten dieser Dialoge lassen sich in eine von drei Gruppen einteilen: die Sokratischen Dialoge, die politischen Abhandlungen und die Untersuchungen einer Vielzahl von logischen beziehungsweise methodologischen Fragen. Die Sokratischen Dialoge folgen Sokrates' eigener Praxis, sowohl in Bezug auf die Frage-Antwort-Form als auch was die ethische Schwerpunktsetzung betrifft – es geht um die Definition der Tugenden. Typische Dialoge und ihre Themen sind: *Euthyphron* – Frömmigkeit, *Charmides* – Besonnenheit, *Lysis* – Freundschaft, *Menon* und *Protagoras* – Tugend, *Laches* – Tapferkeit, *Hippias Maior* –

Schönheit, *Philebos* – das Gute und *Politeia* – Gerechtigkeit. Die politischen Werke finden sich in der *Politeia*, auch als ›Der Staat‹ bezeichnet, Buch II bis X, im *Politikos* (oder ›Staatsmann‹) und in den *Nomoi*, den ›Gesetzen‹. In der *Politeia* fungiert Sokrates als Hauptfigur, obwohl seine Gesprächspartner nun durchaus etwas mehr als nur passive Zuhörer sind. Im *Politikos* hingegen taucht Sokrates nur kurz auf, um in die Diskussion einzuführen. In den *Nomoi* ist er vollkommen abwesend. Von den logisch/methodologischen Dialogen behandelt der *Kratylos* die Richtigkeit der Namen; im *Euthydemos* werden trügerische Argumente und die Möglichkeit des Falschen behandelt. Im *Theaitetos* geht es um Wahrheit und Wissen und im *Parmenides* um Philosophie und Dialektik. Etliche Dialoge verbinden gründliche Untersuchungen der Philosophie und ihrer Methoden mit anderen Themen: so der *Phaidon*, die *Politeia* V-VII, das *Symposion*, der *Phaidros*, der *Politikos*, der *Sophist*, der *Timaios* und der *Philebos*.

Die Wissenschaft hat viel Mühe darauf verwendet, die Reihenfolge der Entstehung dieser Dialoge zu rekonstruieren. Aus der Antike wissen wir, dass die *Nomoi* zum Zeitpunkt von Platons Tod noch unvollendet waren. Der *Theaitetos* bezieht sich auf den Tod des Mannes, nach dem er benannt ist – es ist bekannt, dass dieser im Jahre 369 vor Christus gestorben ist. Einige Dialoge werden als dramatische Sequenzen anderer eingeführt, was vermuten lässt, dass es eine bestimmte Ordnung gegeben haben muss. Abgesehen von diesen wenigen Hinweisen mussten die Platon-Forscher davon ausgehen, dass die *Apologie* früh erschienen ist, und in Bezug auf die anderen sich nur auf deren Ähnlichkeiten und Unterschiede in Form, Inhalt, Stil und Wortwahl verlassen. Obwohl man sich viel Mühe damit gegeben hat, herrscht keine einheitliche Ansicht in dieser Sache.

Man hielt die Reihenfolge der Abfassung deshalb für so wichtig, da sie entscheidende Hinweise auf die Entwicklung von Platons Denken geben könnte. Die zentrale Frage ist, ob Platon selbst in späten Jahren den Platonismus verworfen hat – jene große Theorie, auf der sein Ruhm hauptsächlich begründet ist: In mehreren seiner Hauptdialogen, so auch in der *Politeia*, hatte er eine radikale Verschiedenheit zwischen der sichtbaren Welt der Dinge und der unsichtbaren, aber erkennbaren Welt der Ideen, der abstrakten Entitäten, vorgeschlagen. »Idee« meint dabei nicht den bloßen Gedanken oder Einfall; heute verstehen wir unter Platonismus die Theorie der Formen. Zu diesen abstrakten Einheiten gehören die Formen und Figuren der Geometrie, die Ziffern der Arithmetik, sowie die moralischen Eigenschaften, die das Thema der Sokratischen Dialoge waren. Diejenigen Gelehrten, die auch manchmal Revisionisten genannt werden, haben behauptet, dass Platon an seiner Theorie zweifelte und sie vielleicht aufgegeben habe. Die so genannten Unitarier wiederum vermuten, dass Platon seine philosophische Ausrichtung von Sokrates erhalten habe und diese seine ganze Karriere über nie aufgegeben, sondern lediglich einiges hinzugefügt und kleinere Änderungen vorgenommen habe.

Platons Zeit des Unterrichtens und des Schreibens an der Akademie wurde zweimal unterbrochen, als er sich, beide Male unter einem schlechten Stern, bemühte, das Ideal seiner Republik dadurch zu verwirklichen, dass er einen Philosophen-König an die Macht brächte. Zweimal reiste er nach Sizilien, um den jungen Tyrannen, Dionysos II, zu unterrichten, der seinem Vater, Dionysos I, auf den Thron folgte. Platons Freund Dion hatte ihn überzeugt, dass der junge Mann, Dions Neffe, die Fähigkeit und das Interesse besäße, Philosoph zu werden und so Weisheit mit Macht zu verbinden. Und dies war ja nun nach Platons Überzeugung das einzige Heilmittel für einen Staat. Wie auch immer, die Reise endete mit Neid und Hass auf Dionysos' Seite, Dion im Exil und einer herben Enttäuschung für Platon.

Einige Jahre später reiste Platon auf Bitten Dionysos' noch einmal nach Sizilien. Dieser Besuch endete mit dem endgültigen Bruch und führte schließlich zum Bürgerkrieg zwischen Dions und Dionysos' Truppen. Platon kehrte zurück an die Akademie und unternahm fortan keine weiteren direkten Versuche einer politischen Reform.

Nach Platons Tode ging die Leitung der Akademie auf den Mathematiker Speusippos über, Platons Neffe. Die Institution blieb weiterhin eine Anstalt höherer Bildung und Forschung, bis sie auf Weisung des christlichen Kaisers Justinian im Jahre 529 n. Chr., also etwa 900 Jahre nach ihrer Gründung, geschlossen wurde. Als Teil seines Programms, die christliche Orthodoxie gewaltsam durchzusetzen, ließ Justinian Folgendes verlautbaren: »Von nun an soll nie wieder irgendjemand in Athen Philosophie unterrichten oder die Gesetze auslegen.«

Einige der Akademie-Mitglieder bauten sich eine neue Existenz im Exil auf, in Persien und im arabischen Raum. Diese Rumpfakademien hatten bis ins Mittelalter Bestand.

Über Platons Tod wissen wir nahezu nichts, aber bei

Diogenes Laertius finden wir eine seltsame Schlussbemerkung. Er berichtet von einer Art Testament Platons, worin einiges an Grundbesitz, Silberware und eine Summe Geldes »dem Jungen« – seinem Sohn? – Adeimantos vermacht werden. Abgesehen hiervon existieren keine Hinweise darauf, dass Platon geheiratet oder Kinder gehabt hätte.

Beginnen wir mit dem Gespräch ...

Auf den folgenden Seiten können Sie dabei sein, wenn Platon sich einem fiktiven Gesprächspartner stellt und so zu vierzehn Themen noch einmal frei Stellung beziehen kann.

Der Werdegang eines Philosophen

Schon als junger Mann besaß Platon das herausragende literarische Talent, von dem sein späteres Werk so eindrücklich zeugen würde. Darüber hinaus war er der Nachkomme zweier wohlhabender und politisch einflussreicher Familien. Daher hätte er auch eine erfolgreiche Doppelkarriere als Dichter und Dramatiker einerseits und als Politiker andererseits anstreben können. Doch beeinflusst durch die Lebensform des Sokrates und von dem Schicksal, das dieser Philosoph durch die Hände seiner Mitbürger erlitten hat, wandte Platon beiden Berufen den Rücken zu und widmete sich der Philosophie.

Als Mitglied einer bekannten und mächtigen Familie war Ihnen vermutlich eine Karriere in der Politik vorherbestimmt, und Sie sind ein ganz offensichtlich talentierter Schriftsteller. Was hat Sie dazu gebracht, Philosoph zu werden statt Politiker oder Dichter?

Das ist einfach: Ich lernte Sokrates kennen. Ich war ein jugendliches Mitglied der Aristokratie, und da kam auf einmal dieser gedrungene, eher unattraktive Sohn eines Steinmetzen und einer Hebamme an, lief auf dem Marktplatz, in den Straßen und in den Häusern der Reichen und Berühmten umher, um all die großen Köpfe zu verwirren, indem er sie klug und gründlich auf die Probe stellte. Diese Männer – Politiker, Dichter und Redner, alle mit Rang und Namen – hatten durchaus profunde Meinungen in Bezug auf Tugendhaftigkeit, Gerechtigkeit, Mut, Schönheit und dergleichen; er aber zeigte ihnen, dass sie tatsächlich nichts von alledem verstanden. Sokrates lehrte uns, dass es zwar einfach ist, Vermutungen über diese Themen anzustellen, dass es aber ungleich schwerer ist, für diese Vermutungen triftige Gründe zu finden, die einer Untersuchung standhalten würden. Ich und viele andere junge, privilegierte Männer begannen Sokrates enorm dafür zu bewundern, und einige von uns entschieden sich, ihm auf seiner Suche nach Weisheit zu folgen. Philosophen wie Parmenides, Kratylos oder Pythagoras hatten schon zuvor mein Interesse geweckt, aber erst mit Sokrates begann sich mein Leben zu ändern.

Über Ihre Beziehung zu Sokrates möchte ich später gerne noch etwas mehr hören. Aber lassen Sie mich fragen, ob es nicht schwer für Sie gewesen ist, sich aus der Öffentlichkeit zurückzuziehen und das aufzugeben, was doch nach einer recht vielversprechenden politischen Karriere ausgesehen haben muss.

Natürlich war das nicht leicht. Immerhin war mir sehr daran gelegen, meinen Teil dazu beizutragen, um Athen in eine bessere Zukunft zu führen. Meine Familie und Parteizugehörigkeit machten mir meine Entscheidung besonders schwer. Athen war zu der Zeit in zwei Lager gespalten, in Aristokraten und Demokraten. Während der ersten Kriegsjahre wurde die Stadt von Demokraten regiert. Nach der Niederlage Athens unter Sparta kam eine Gruppe von dreißig Aristokraten an die Macht. Ihre Herrschaft war systematischer Terror, gekennzeichnet von zahllosen »rechtmäßigen« Hinrichtungen. Obwohl ich ein Mitglied ihrer politischen Gruppierung war und persönliche Verbindungen zu dem ein oder anderen unterhielt, war ich erleichtert, als die Demokratie wieder hergestellt und sie nicht mehr an der Macht war – eine Erleichterung, die allerdings in Abscheu umschlug, als die Demokraten dann Sokrates zum Tode verurteilten. Wie viele andere auch war ich der Meinung, dass er von allen Zeitgenossen der beste, weiseste und rechtschaffenste Mann war.

All dies sah ich in meiner eigenen Stadt, und ich sah ähnlich schlechte Regierungen in anderen Städten. Ich kam zu dem Schluss, dass die Menschheit niemals frei von Übeln sein würde, wenn nicht wahre Philosophen an die Macht kämen oder aber diejenigen, die an der Macht waren, durch irgendeinen göttlichen Eingriff zu wahren Philosophen würden. Zwar hatte ich zu dieser Zeit keinen blassen Schimmer, wie ich diese Änderungen herbeiführen konnte, aber ich zog mich aus der Politik zurück. Nach einer Weile widmete ich mich wieder den philosophischen Untersuchungen, die Sokrates in den glücklichen Jahren unserer Freundschaft beschäftigt hatten.

Ihre Bewunderung für Sokrates ist offensichtlich – aber was genau hat Sie eigentlich so beeindruckt?

Das lässt sich natürlich nicht nur auf eine einzige Sache reduzieren. Zunächst einmal würde ich sagen, dass es der Anblick dieses unscheinbaren, kleinen Mannes war, der in den Debatten all die Großen und Wichtigen blass aussehen ließ. Er übertraf sowohl die Besten unserer Stadt als auch Besucher aus anderen griechischen Städten, von denen viele für ihre Weisheit und rhetorischen Fähigkeiten berühmt waren. Dann war da noch die Art, wie er redete – diese Bescheidenheit, die all die Überheblichen nicht selbst widerlegte, sondern diese sich durch ihre eigenen Worte widerlegen ließ.

Seine Frage-Antwort-Methode – ich nenne sie Dialektik – ist mit Sicherheit das größte Geschenk an mich und an die Philosophie gewesen. Auf den ersten Blick mag sie einzig und allein negativ erscheinen, eine Methode, die nur verneint, allein nichts beibringt. Und tatsächlich war dies auch die Meinung von Sokrates' Feinden. Mir wurde aber klar, dass diese Methode von erheblicher Bedeutung war, denn sie zeigte, dass es möglich ist, in den Angelegenheiten, wo sich jeder anscheinend damit begnügte, nur Meinungen zu haben, zu echtem Wissen zu gelangen.

In welchen Angelegenheiten zum Beispiel?

Erstens in genau jenen, nach denen Sokrates immer gefragt hatte – die Natur der Tugend, der Gerechtigkeit, der Schönheit, Liebe, Freundschaft und dergleichen. Später sah ich, dass dies genauso auf eine Reihe von anderen Dingen, wie zum Beispiel Wahrheit, Wissen, Kausalität, Raum, Zeit und Wirklichkeit, zutraf.

Und welcher Art war dieser weit verbreitete Skeptizismus, von dem Sie sprechen?

Sie mögen vielleicht in der glücklichen Lage sein, in einer Zeit und an einem Ort zu leben, wo dieser Skeptizismus, oder Relativismus, unbekannt ist, aber im Griechenland meiner Zeit grassierte er geradezu. Die führenden Vertreter waren die Sophisten, umherziehende Rhetorik-Lehrer, die gegen Entgelt die Kunst der Überredung lehrten, ohne sich um Wahrheit zu scheren. Der philosophisch Versierteste unter ihnen war Protagoras, der dieser populären Skepsis eine theoretische Begründung lieferte. Mit seinem Slogan »Der Mensch ist das Maß aller Dinge« verneinte er, dass es überhaupt so etwas wie eine objektive Wahrheit gäbe. Ihm zufolge haben wir nichts anderes als Meinungen, unter denen keine mehr wahr ist als die andere. Sokrates' Vorgehen zeigte, dass dies genau falsch ist.

Wie denn? Soweit ich verstehe, bedeutete Sokrates' Methode, die Leute bis zum Selbstwiderspruch zu befragen. Wie kann es ein Zeugnis der Möglichkeit von Wissen sein, einen Menschen verwirrt und perplex zu hinterlassen? Wenn Sie hierzu ein bisschen mehr sagen könnten, bitte.

Ein Beispiel aus der *Politeia* kann hier zur Erläuterung dienen. Sokrates entlockt Kephalos eine Meinung bezüglich der Natur der Gerechtigkeit – nämlich, dass Gerechtigkeit darin besteht, die Wahrheit zu sagen und das zurückzugeben, was man empfangen hat. Als er gefragt wird, ob es auch gerecht ist, einem Mann, der verrückt geworden ist, die Waffe, die man von ihm geliehen hatte, zurückzugeben, sieht – und weiß – Kephalos, dass dem so nicht sein kann und dass seine frühere Meinung wohl falsch sein müsse. Damit haben wir das Muster der sokratischen Widerlegungen. Dem Gegenüber wird eine ganz allgemeine Frage gestellt in Bezug auf die Natur irgendeiner Sache. Wenn er antwortet, wird ihm eine weitere Frage gestellt, oder mehrere, die er auch zu beantworten weiß. Diese werden dann seiner ersten Meinung entgegenstehen und beweisen, dass sie falsch ist.

Aber ist das nicht ein relativ irrelevantes Wissen – dass Gerechtigkeit eben nicht das ist, was Kephalos dachte, dass sie sei?

Für sich genommen ist das nicht sehr bedeutsam, das mag sein. In einen anderen Kontext gestellt bedeutet es aber alles. Wenn man sich dafür interessiert, was Gerechtigkeit ist, dann ist es schon ein Fortschritt zu wissen, dass sie nicht darin besteht, eben die Wahrheit zu sagen und das zurückzugeben, was man empfangen hat, auch wenn es nur ein kleiner Schritt ist. Wenn man sich aber einer so extremen Doktrin wie Protagoras »Der Mensch ist das Maß aller Dinge« ausgesetzt sieht, ist schon die Entdeckung irgendeiner objektiven Gültigkeit von größter Bedeutung. Dass ein einziges Gegenbeispiel eine universelle Annahme zunichtemacht, ist ein grundlegendes, logisches Prinzip. Dieses Prinzip muss von jedem, der über irgendetwas nachdenkt, verstanden werden.

Dialogisches Lernen

Seinem verehrten Lehrer Sokrates nacheifernd, verfasste Platon fast all seine Werke in Form von Dialogen. Viele seiner Schriften erinnern stark an die Art von Gespräch, wie sie Sokrates tatsächlich geführt haben muss. Wo die meisten der früheren griechischen Autoren positive Doktrinen darüber, was sie für wahr hielten, aufgestellt und für sich selbst die höchste Anerkennung für ihre Entdeckungen gefordert hatten, bleibt Platon als Autor im Hintergrund. Er spricht nie für sich selbst, sondern die Argumente seiner Charaktere allein sind es, die stehen oder fallen.

Abgesehen von einigen wenigen Briefen und der ›Apologie des Sokrates‹ ist alles, was Sie geschrieben haben, in Dialogform abgefasst. Warum haben Sie uns nur diese Gespräche hinterlassen?

Ich denke, es ist einigermaßen offensichtlich, dass ich in meinen Schriften die gleiche Wirkung erzielen möchte, die von Sokrates in seinen Gesprächen ausging. Meine frühesten Werke sind bewusst tatsächlichen Gesprächen mit Sokrates nachempfunden. Was Sie vermutlich wirklich interessiert, ist, warum ich annahm, dass diese Form sich am besten eignen würde, um meine eigenen Anliegen vorzubringen. Alles in allem ging es mir darum, ein Verständnis für Philosophie zu fördern. Ich zögere, dies Lehre zu nennen, denn das suggeriert, dass ich etwas Bestimmtes in die Köpfe der Lernenden hätte stecken wollen – was aber genau die falsche Vorstellung davon ist, was wirkliche Bildung bedeutet. Die Bildung, die ihren Zeitaufwand wert ist, ist in Wirklichkeit eher eine Strukturierungsarbeit im Kopf des Lernenden, als das Aufzwingen einer vorgegebenen Struktur. Von Sokrates gibt es die berühmte Aussage, er habe niemals gelehrt, sondern sei immer nur der Methode seiner Mutter, einer Hebamme, gefolgt. Während sie jungen Frauen geholfen hatte, ihre Kinder auf die Welt zu bringen, habe er lediglich jungen Männern bei der Geburt ihrer Ideen geholfen. Dadurch, dass er ihnen Fragen stellte, förderte er in ihnen nur das Bewusstsein über Wissen, das schon in ihnen war, zu Tage. Sokrates' Erfolg scheint mir der Beweis dafür zu sein, dass Lernen, zumindest in der Philosophie, tatsächlich auf Wissen aufbaut, welches schon in irgendeiner Form in dem Lernenden vorhanden ist. Und nachdem ich Sokrates' Ansicht in dieser Sache teilte, war es nur natürlich, dass ich versuchen musste, seiner mündlichen »Lehre« in meinen Schriften nachzueifern.

Wer von den Charakteren spricht denn für Sie in diesen Dialogen?

Was in den Dialogen steht, ist, was die Charaktere zu sagen haben. Es kann sein, kann aber auch nicht sein, dass sie die Meinungen derjenigen Personen widerspiegeln, deren Namen sie tragen. Wenn Sie die Aussagen dieser Figuren bewerten, sollten Sie im Hinterkopf behalten, dass sie vielleicht nur als Vorschläge, die es zu erörtern gilt, eingeführt werden. Und Mythen, Metaphern, Allegorien und Bilder sollte man selbstverständlich nicht wortwörtlich verstehen. Darüber hinaus repräsentieren die Worte der Hauptfiguren mehr oder weniger meine eigenen Meinungen. Es handelt sich dabei um fiktive Gespräche, die ich für philosophisch interessant halte. Ich schreibe sie, um philosophisches Denken anzuregen. Darüber hinaus übernehme ich keinerlei Verantwortung für das, was meine Charaktere zu sagen haben.

Aber wenn Sie sich soweit von Ihrem geschriebenen Wort distanzieren, ist es dann nicht für Ihren Leser geradezu unmöglich, zu wissen, was Sie in Wahrheit denken?

Nun beginnen Sie zu verstehen. Wissen Sie, in der Philosophie geht es nicht darum, Meinungen zu übernehmen, sondern zu denken – Dinge zu durchdenken. Wenn ich Ihnen nun meine Meinung liefere, was habe ich Ihnen damit gegeben? Selbst wenn sie richtig sein sollte, ist sie nicht von Wert für Sie, denn Sie haben sie nicht durch denkenden Nachvollzug gewonnen. Ohne zu verstehen, *warum* etwas so und nicht anders sein muss, haben Sie kein echtes Wissen darüber. Nehmen Sie zum Beispiel etwas, wovon ich absolut überzeugt bin – den Satz des Pythagoras in der Geometrie. Ich kann Ihnen sagen, dass das Quadrat auf der Hypotenuse eines rechtwinkligen Dreiecks der gleichen Fläche entspricht, wie die, die die beiden Quadrate auf den beiden anderen Seiten zusammengenommen ergeben, und Sie werden mir das mit Sicherheit glauben. Aber so lange Sie nicht selbst den ziemlich ausgeklügelten Gedankengängen, die das beweisen, gefolgt sind, haben Sie nichts weiter als eine schwache Meinung. Kein sicheres Wissen. In der Philosophie sind die meisten unserer Vorschläge bei Weitem nicht so sicher, wie die Sätze der Geometrie. Daher ist es geboten, dass wir jeden Vorschlag als Hypothese verstehen, welche einer gründlichen Untersuchung zu unterziehen ist, wie wir sie von Sokrates gelernt haben.

Wie sollen wir dann diese Gespräche führen? Wollen Sie wirklich behaupten, dass nichts von dem, was Sie geschrieben haben, Ihrer eigenen Meinung entspricht?

Nein, das will ich nicht. Wir führen hier ein privates Gespräch, und so wie ich es verstehe, geht es dabei um mich. Dementsprechend werde ich die Fragen nach meinen Überzeugungen beantworten, und ich versichere auch, dass vieles von dem, was ich meinen Charakteren in den Mund gelegt habe, meiner Meinung entspricht. Aber wissen Sie, die Dinge lägen gänzlich anders, wenn Sie sich mit Sokrates unterhielten oder wenn Sie zu mir in die Akademie als Student kämen. Dann würden Sie nämlich Fragen beantworten statt sie zu stellen. Und Ihre Antworten würden gegeneinander abgeglichen, wobei die Richtigen an die Stelle der Falschen treten würden. Aber wie gesagt, ich werde mich hier mit meiner persönlichen Meinung nicht zurückhalten. Sie dürfen davon ausgehen, dass ich in der Tat glaube, worauf die Dialoge hinauslaufen. Falls eine Vermutung Ihrerseits falsch sein sollte, werde ich Sie korrigieren. Der einzige Vorbehalt, auf dem ich bestehe, ist, dass meine Meinungen wie die eines jeden anderen auch, als Hypothesen gehandelt werden. Ich bin mir der Gefahr zu irren durchaus bewusst und habe nicht vor, irgendetwas zu sagen, was ungeprüft durchzugehen hätte.

Da bin ich ja erleichtert. Aber ich verstehe immer noch Ihre Vorstellung von Dialektik nicht so ganz. Sie behaupten, ihr Erfolg hinge davon ab, dass der Schüler das Wissen in der Sache schon habe. Wie können wir das bewerkstelligen: lernen, was wir schon wissen?

Ich gebe zu, das klingt paradox, aber denken Sie mal über folgende Analogie nach. Nehmen wir an, Sie hätten den Namen eines Bekannten vergessen und müssten sich an ihn erinnern – vielleicht treffen Sie ihn auf dem Flur und wollen ihn bei seinem Namen grüßen. Je näher er kommt, desto mehr meinen Sie, sich zu erinnern und grüßen ihn zuletzt vertraulich mit »Guten Morgen, Kallikles!«. Zwei Schritte später fällt Ihnen ein: »Mist, das war Kratylos!«. In diesem Fall dachten Sie, Sie wüssten, aber Sie hatten sich geirrt. Dennoch war Ihnen irgendwie bewusst, wie er wirklich heißt, denn als Ihnen sein richtiger Name eingefallen war, hatten Sie ihn erkannt. Was die Dialektik betrifft, nehmen wir genau das an. Obwohl Sie es wahrscheinlich falsch ausdrücken, wenn Sie versuchen zu sagen, was Heiligkeit oder Gerechtigkeit oder Schönheit ist, haben Sie das Wissen über diese Dinge in sich. Das lässt sich dadurch beweisen, dass, wenn Ihnen die richtigen Fragen gestellt werden, Sie diese auch richtig beantworten können.

Der Vorrang des Guten

So ziemlich jeder gelangt irgendwann an den Punkt, wo er sich mit der Frage konfrontiert sieht, was das gute Leben ausmacht. Einige behaupten, dass das gute Leben das Angenehme sei, andere, dass es darum gehe, seinen Pflichten und Verpflichtungen nachzukommen. Wieder andere meinen, dass es darin bestünde, gottgefällig zu leben. Sokrates hielt all diesen Vorstellungen entgegen, dass unser Leben genau dann als gut zu bezeichnen sei, wenn wir eine gute Person sind – eine tugendhafte Person. Platon war mit dieser Sicht völlig einverstanden, auch wenn er Probleme hatte, eine überzeugende Rechtfertigung dieser Idee zu finden.

Sie reden ziemlich viel über das Gute. Was genau ist es Ihrer Ansicht nach?

Tatsächlich ist es ein bisschen leichter zu erklären, was es nicht ist. Zunächst einmal ist es nicht Vergnügen, denn Vergnügen, wenn es an etwas Abgeschmackten oder Grausamen gefunden wird, ist etwas Schlechtes. Genauso wenig kann es Wissen sein, auch wenn wir Philosophen das manchmal gerne denken. Es gibt genug an Wissen auf der Welt, das trivial oder nutzlos ist. Insofern muss das Gute etwas anderes sein.

Das scheint doch nicht so schwierig. Ist es nicht einfach das Gefühl von Glück?

Nun, das ist in der Tat die einfache Antwort, und ich schätze, sie ist nicht falsch. Aber sie bringt uns nicht sehr weit. Immer noch stehen wir vor der Frage, was dann Glücklichsein bewirkt. Noch immer müssen wir die gleichen Ziele prüfen – Vergnügen, Befriedigung, Selbstverwirklichung und so weiter. Keines scheint richtig zu sein, denn wir können uns eine Person vorstellen, die eines dieser Ziele erreicht hat und noch immer wollte niemand mit ihr tauschen.

Warum sagen Sie, dass niemand ein Leben voller Vergnügungen führen wollte? Für viele von uns klingt das sogar ziemlich gut.

In Ordnung, lassen Sie uns genauer hinschauen. Überlegen wir uns ein Leben, geprägt von jeglicher nur denkbaren Annehmlichkeit bis auf eine – moralische Tugend / Integrität. Um es ein wenig zu veranschaulichen, bitte ich Sie, nun all ihre Zweifel außer Acht zu lassen und anzunehmen, ich sei ein außergewöhnlich mächtiger Zauberer und ich hätte darüber hinaus die Fähigkeit, die ganze Welt meinen Vorstellungen entsprechend einzurichten. Nun mache ich Ihnen ein Angebot. Wenn Sie mir gestatten, Sie in eine durch und durch grausame Person zu verwandeln, verspreche ich Ihnen die Erfüllung all Ihrer anderen Wünsche. Sie können so reich sein, wie Sie es sich wünschen, Sie können heiraten, wen Sie möchten, Sie können den Ruf einer großartigen und ehrenhaften Person haben und was Ihnen sonst noch gefällt.

Das klingt nach einem verlockenden Angebot, bis auf eine Sache – mein Gewissen würde mich schlecht fühlen lassen, wenn ich Grausames tun müsste. Können Sie mich davon auch befreien?

Ja, ich könnte Sie sogar von Ihrem Gewissen befreien. Sie werden ein niederträchtiger Kerl sein und es nicht mal wissen. Alles, was Sie tun müssen, ist diese Vollmacht unterzeichnen, damit ich die Umwandlung vornehmen kann, und Sie werden im Leben eines gesegneten Bösewichts ohne Gewissen aufwachen. Ich sehe, wie Sie sich winden, und dass Ihre Hände bei dem Gedanken an diese schicksalhafte Unterschrift zittern. Weder Sie, möchte ich meinen, noch irgendeine andere Person mit einem gewissen Maß an Selbstachtung würde diesen Handel eingehen. Der eigene gute Charakter ist das Wertvollste, was wir in unserem Leben haben. Ich habe in Sokrates einen Mann erkannt, der das Beste aller Leben geführt hat, obwohl er viel Schlimmes erfahren hatte und unschuldig zum Tode verurteilt worden ist. Er sagte, und ich sehe das auch so, dass nicht er, sondern die Athener selbst die Opfer dieses Verbrechens sind.

Das ist alles schön und gut, aber Sie würden sicher nicht behaupten, dass Sokrates auch dann ein glückliches und gutes Leben geführt hätte, wenn er sein ganzes Leben unter Schmerzen gelitten hätte, keine Freunde gehabt hätte und gesehen hätte, wie seine Söhne zu ruchlosen Kriminellen herangewachsen wären. Oder?

Ich zögere hier ein wenig, denn es kann durchaus sein, dass viel von dem, was wir im Allgemeinen für wertvoll erachten, notwendige Vorbedingungen eines gelungenen Lebens sind. Dennoch bin ich der Meinung, dass dies nicht dessen Essenz darstellt. Aufrichtigkeit, Ehrlichkeit, Weisheit und Mut scheinen mir doch vielmehr das Eigentliche zu sein. Meine Meinung über das gelungene Leben lässt sich in ein paar Worten zusammenfassen: Tugend ist ihr eigener Lohn.

Sie sind nicht der Einzige, der diese Meinung vertritt, aber ich vermute, dass Sie tatsächlich etwas anderes als die meisten meinen. Welche Konsequenzen hat das für uns alle?

Für uns als Individuen sind die Konsequenzen recht leicht zu erkennen – wir sollten so leben, dass wir in unseren Seelen diejenigen Tugenden pflegen, die wir bewundern. Für uns als Mitglieder einer Gemeinschaft bedeutet das, dass wir unsere politischen Angelegenheiten so organisieren sollten, dass die Tugendhaftigkeit all unserer Bürger gesteigert wird, denn dies stellt das eigentlich Gute dar.

Vom Preis des Falschen

Wir Menschen sind nur allzu vertraut damit, was es heißt, willentlich das Falsche zu tun – wir tun etwas Falsches, obwohl wir ganz genau wissen, dass es falsch ist. Nur auf dieser Grundlage können wir anderen vorwerfen, dass sie gefehlt haben und sie dementsprechend bestrafen. Wir vermuten, dass unsere Motive, das Richtige zu tun, ab und an von dem dann stärkeren Verlangen nach etwas Falschem verdrängt werden. Sokrates und Platon widersprachen dieser weit verbreiteten Ansicht und behaupteten, dass allem Anschein zum Trotz niemand willentlich das Falsche tue.

Sie haben gesagt, dass niemand willentlich etwas Falsches tut. Was in aller Welt haben Sie damit gemeint?

Es wäre ein wenig genauer zu sagen, dass niemand jemals *wissentlich* das Falsche tut. Man würde nie etwas tun, von dem man weiß, dass es nicht richtig ist.

Auch gut, ich weiß, was Sie meinen. Aber wieso glauben Sie, dass das wahr ist?

Genau wie es das höchste Gut für eine Person darstellt, eine gute Person zu sein, so ist es das größte Übel, eine schlechte Person zu sein. Dadurch, dass man etwas Falsches tut, macht man sich selbst zu einer schlechteren Person. Daher würde man sich selbst den größten Schaden zufügen, wenn man wissentlich falsch handelte. Und nachdem niemand sich wissentlich selbst schaden würde, folgt daraus, dass niemand wissentlich falsch handelt.

Ihr Argument entbehrt nicht jeglicher Plausibilität, aber wird es nicht durch simples Erfahrungswissen widerlegt? Sie kennen vermutlich die Geschichte von David, dem jüdischen König, der, da er seine Frau mit einem seiner Sol-

daten erwischt hatte, diesen in eine Schlacht sandte, die seinen sicheren Tod bedeutete. Sie werden wohl zugeben müssen, dass der König sich diesem Mann gegenüber falsch verhalten hat?

Um des Arguments willen, ja. Ich gebe zu, dass sich der König dem Soldaten gegenüber falsch verhalten hat.

Und er wusste, dass es falsch war?

Ja, aber er hat es zunächst aus Unwissenheit getan, da er sich nicht darüber im Klaren war, was er tat. Unter dem Einfluss eines unvernünftigen Impulses konnte er die wahre Natur seiner Handlung nicht erkennen. Und weil er so handelte, degradierte er sich selbst zu einer Person, die andere und auch er selbst verachten müssen. Die Tatsache, dass Sie heute noch davon zu berichten wissen, zeigt, dass seine Niedertracht ihn über Tausende von Jahren überlebt hat. Welcher Mensch bei Verstand würde das im Tausch für eine Liebschaft – wie attraktiv er oder sie auch sein mag – akzeptieren?

Bei Ihnen hört sich das so an, als ob der schlechte Ruf, den er sich eingehandelt hat, der Preis für König Davids Schandtat sei. Wäre er denn besser dran, wenn niemand von seinem Verrat gewusst hätte?

Keinesfalls. Was ich sagen wollte, ist, dass es unser moralischer Charakter ist, nicht unser Ruf, was zählt. Durch seinen Verrat hat der König seine Seele verdorben. Er wäre um nichts weniger verdammt gewesen, wenn nichts ans Licht gekommen wäre. Wenn er sich nur genügend Gedanken gemacht hätte, was es ihn kosten würde, ein Mörder zu sein, hätte er niemals diese Last im Austausch für die Freude an der Gesellschaft dieser Frau in Kauf genommen. Sein fatales Nichtwissen bezog sich nicht auf die Falschheit seiner Handlung, sondern auf die unvermeidlichen Kosten seiner Charakterlosigkeit. So wie die Tugend ihren eigenen Lohn darstellt, ist Niedertracht ihre eigene Strafe.

Demokratie und Philosophenherrschaft

Wir im Westen halten die Demokratie mittlerweile für die beste Regierungsform, und wir gründen dieses Urteil auf Überlegungen zur Gerechtigkeit und zu individuellen Rechten. Wir glauben, dass es ungerecht ist, irgendeinem Bürger sein Mitspracherecht in Fragen der Regierung des Staates zu entziehen. Platon dürfte in Hinblick auf die beste Regierungsform und die Grundlage ihrer Wahl nicht mit uns übereinstimmen. In seiner *Politeia* schien er die Demokratie als minderwertig im Vergleich zur Philosophenherrschaft einzuschätzen, obwohl er in den *Nomoi* einen anderen Eindruck vermittelte.

Dadurch, dass Sie in der Politeia *der Demokratie den Rang der zweitschlechtesten Regierungsform zugewiesen haben, schlechter noch als eine Militärherrschaft oder die Herrschaft einiger weniger Reicher und nur noch besser als die Tyrannis, sind Sie ja sicherlich auf Ablehnung gestoßen. Glauben Sie wirklich, dass die Demokratie so schlecht ist?*

Absolut – aber vielleicht sollten wir klären, von welcher Art Demokratie ich sprach. Wir können sie vielleicht direkte oder reine Demokratie nennen, wo die Bürger die Möglichkeit haben, die öffentliche Ordnung per Mehrheitsentscheid zu bestimmen. Entscheidungen über Krieg und Frieden, aber auch über weniger bedeutende Angelegenheiten, sind dem Urteil des Volkes überlassen.

Für viele ist das eine attraktive Aussicht. Was stört Sie daran?

Natürlich ist das attraktiv – in der Theorie. Die Freiheit und die Idee der Autonomie, die hier angeboten werden, haben einen unbestreitbaren Charme. Menschen haben ein natürliches Bedürfnis, sich mächtig zu fühlen, und diese Regierungsform bietet genau diese Macht. Aber in einer direkten Demokratie ist der Preis hierfür zu hoch.

Gute Entscheidungen bedürfen eines umfassenden Wissens, achtsamer Überlegung und eines profunden Verständnisses der angemessenen Regierungsziele. Wo der bloße Wunsch der Mehrheit aller Bürger an erster Stelle steht, kommen diese Dinge nicht zur Geltung. Gedankenlose und dumme Entscheidungen sind damit genauso wahrscheinlich wie weise und kluge.

Diese Art von Regierung trägt auch den Keim zum Verfall in die schlechteste Regierungsform, die Tyrannis, in sich. Wenn jeder Bürger tun und lassen kann, was er will, müssen Spaltungen und Zwietracht nahezu zwangsläufig entstehen. Die Unzufriedenheit wächst und bietet einem Volksverhetzer, der sich selbst zum »Held des Volkes« stilisieren wird, eine Bühne und Gelegenheit, sich, von einer Leibgarde vor den so genannten »Feinden des Volkes« geschützt, der Kontrolle im Staat zu bemächtigen. Wie auch die Aristokratie, die Oligarchie und die Monarchie scheint mir die Demokratie weniger ein echtes Gemeinwesen, sondern eher eine Form der Versklavung des Staatswesens durch einen seiner Teile zu sein, sei es nun durch den der Hochgeborenen, den der Reichen, der Könige oder eben durch den der Mehrheit der Bürger.

Was ist dann Ihre Empfehlung? Und worauf wollten Sie hinaus, als Sie meinten, was Sie verachteten, sei nur eine Form der Demokratie?

In Anbetracht der Tatsache, dass unkontrollierte Macht die Machthaber korrumpiert, kam ich zu der Überzeugung – die ich ja auch im *Politikos* und in den *Nomoi* dargelegt habe –, dass eine Mischverfassung die beste Lösung sei; eine, die Merkmale der Monarchie mit demokratischen Elementen verbindet. Es muss ein paar Leute geben, die die Gesetze verwalten, aber ihre Macht muss gleichermaßen an die Gesetzmäßigkeit gebunden sein und auch an die Zustimmung des Volkes. Das bei Weitem wichtigste Merkmal unserer Regierungsform ist der Vorrang des Rechts, denn wo auch immer das Recht nachgeordnet und geschwächt ist, droht dem Staat meiner Ansicht nach der Untergang. Um den Rechtsgehorsam der Mächtigen zu gewährleisten, muss die Macht zwischen ihnen klar verteilt sein; sie müssen zu regelmäßigen Terminen von ihren Mitbürgern gewählt werden, und sie müssen für alle Fehler während ihrer Amtszeit zur Rechenschaft gezogen werden und am Ende genauen Bericht erstatten können – mit schweren Strafen für Dienstvergehen. Damit diese Staatsform Erfolg haben kann, muss der Staat klein genug sein, dass die Wähler wissen können, wer von ihnen sich am besten zur Regierung eignet, und der Staat muss darüber hinaus ein öffentliches Bildungswesen zu seiner höchsten Priorität erklären. Ich bin überzeugt, dass, bei richtig durchgeführter Erziehung der Bürger, alles gut wird und wenn nicht, es nichts gibt, was die Lage retten kann. Wenn Sie möchten, können Sie diese Regierungsform »repräsentative Verfassungsdemokratie« nennen.

Nun bin ich aber ernsthaft verwirrt. Ich sehe Ihren Punkt, dass sich sinnvoll zwischen direkter und repräsentativer Demokratie unterscheiden lässt, aber hatten Sie in der Politeia *nicht die Aristokratie, die Herrschaft der Philosophen-Könige, als ideale Regierungsform dargestellt? Warum haben Sie Ihre Meinung geändert?*

Sie haben ganz recht, was die Philosophen-Könige betrifft, aber Sie irren, was den Gesinnungswandel anbelangt. In den *Nomoi* war die Idee, die Verfassung für einen neu zu gründenden Staat auf Kreta vorzustellen. Die praktische Aufgabe war also, eine machbare Regierungsform zu skizzieren, wobei all den geografischen und psychologischen Bedingtheiten Rechnung zu tragen war. In der *Politeia* ging es um etwas gänzlich anderes. Hier ging es um Gerechtigkeit. Sokrates erfand, um die Natur der Gerechtigkeit besser erkennen zu können, einen perfekten Staat, in dem die Regierungsgeschäfte von Philosophen ohne die Bindung an Gesetz oder Wahlen ausgeführt würden – ein Staat, der die Tugend der Gerechtigkeit gewissermaßen verkörpern würde. Um diese Idealvorstellung zu entwickeln, schien es mir nicht bedeutsam, ob sie tatsächlich verwirklichbar sei oder nicht.

Die Wünschbarkeit dieser Regierungsform hängt natürlich davon ab, dass die Philosophen sowohl absolut weise als auch absolut unbestechlich sind. Wenn wir uns darauf verlassen könnten, dass wir immer derart vorbildliche Persönlichkeiten finden würden, wäre diese Herrschaftsform besser als eine, in der allgemeine Gesetze herrschen. Nachdem Menschen nun aber so sind, dass dies vielleicht nicht als unmöglich, aber doch als unwahrscheinlich erscheinen muss, habe ich schließlich die zweitbeste Lösung vorgeschlagen – eine, bei der das Gesetz stellvertretend für die Philosophie fungiert, die im Staat eine Balance zwischen Freiheit und Freundschaft hervorbrächte und die meiner Meinung nach im Athen meiner Vorfahren am besten verwirklicht worden ist.

Freiheit und Zensur

Das Recht auf freie Meinungsäußerung, die Freiheit von Kunst und Wissenschaft, sowie die Reisefreiheit werden heute als universell gültige Menschenrechte angesehen. Ihre Einschränkung wird – außer unter den außergewöhnlichsten Umständen – für ein Verbrechen gehalten. Platon hingegen ignorierte die Frage nach individuellen Rechten, konzentrierte sich nur auf das Gute für die Gesellschaft und empfahl dementsprechend einige schwerwiegende Einschränkungen all dieser Freiheiten. Verbannung und sogar Todesstrafe standen auf Verstöße. Trotzdem war er der Meinung, dass ein gewisses Maß an Meinungsfreiheit notwendiger Bestandteil einer guten Regierung sei.

1945 veröffentlichte ein anerkannter Autor des 20. Jahrhunderts ein Buch mit dem Titel Die offene Gesellschaft und ihre Feinde. *Nun raten Sie mal, wer der Hauptfeind ist. Der Autor, Karl Popper, war vor Adolf Hitler geflohen und bezichtigt Sie als den ersten faschistoiden Denker. Ist es gerechtfertigt, wenn Sie jemand als Feind der offenen Gesellschaft darstellt?*

Ich würde sagen, das hängt stark davon ab, für was eine offene Gesellschaft offen ist. Ich habe sicherlich restriktivere Vorschläge gemacht, was den Einfluss auf die Leute anbelangt, als manch einer für nötig hält, obwohl ich vermute, dass eigentlich jeder zugeben wird, dass es einiger Einschränkungen bedarf. Vielleicht können Sie sich selbst vorstellen, wessen Feind ich bin, wenn Sie meine Empfehlungen aus der *Politeia* und den *Nomoi*, meinen politischen Hauptwerken, zusammenfassen.

Lassen Sie uns mit dem Kinder- und Jugendschutz beginnen. Kinder werden enorm von den Geschichten beeinflusst, die man ihnen erzählt, von den Spielen, von den Tänzen und von der Musik, mit denen sie sich beschäftigen. Da der Charakter in der Phase der Kindheit geprägt wird, ist es wichtig, dass wir die guten Einflüsse fördern und die Kinder von der Last der schlechten befreien.

Geschichten also, die von der Verwerflichkeit der Götter oder von strafloser Schurkerei unter den Menschen erzählen, unterliegen der Zensur. Es bringt nichts Gutes, einem launenhaften Jugendlichen die Entschuldigung zu liefern, dass auch Zeus sich selbst nicht beherrschen kann. Rollenspiele sollten ebenfalls dahingehend beschränkt werden, dass nur die Mutigen und Gerechten als Vorlage dienen. Es gibt Tänze und Musik, die tendenziell zu wahnhafter Ekstase oder, umgekehrt, zu einer Verweichlichung der Seele führen. Auch diese müssen zu Gunsten von Tänzen und Musik, die zu Ordnungsbewusstsein und Stärke führen, abgelehnt werden. All dies scheint mir notwendig, wenn wir unsere Kinder auf den richtigen Weg bringen wollen.

Ich bin nicht sicher, ob viele von uns ganz so weit gehen würden, wie Sie es vorschlagen, aber wir wissen in der Tat, dass Kinder nur begrenzt schädlichen Einflüssen ausgesetzt werden sollten. Mit Sicherheit werden Sie aber die Einschränkungen für Erwachsene lockern, oder etwa nicht?

Nicht in dem Maße, wie Sie es sich denken mögen. Jedes Regierungshandeln ist nur darüber gerechtfertigt, dass es dem Wohlergehen der Bürger zuträglich ist. Dieses

Wohlergehen besteht darin, dass – und daran halte ich fest – sie so gut und tugendhaft wie nur möglich werden. Deshalb wird jede Politik nichts anderes als die Beförderung der Tugendhaftigkeit der Bürger zum Ziel haben. Die Regierung ist gegenüber Erwachsenen genauso wie gegenüber Kindern in der Pflicht, und so müssen selbst Erwachsene vor schädlichen Einflüssen geschützt werden.

Ehrlich gesagt erinnert mich diese ganze Rede von schädlichen Einflüssen an den Vorwurf, der gegen Sokrates erhoben wurde – dass er die Jugend verdorben hätte. Kommen Sie damit nicht einer Reglementierung, die Ihren eigenen Helden für vogelfrei erklären würde, gefährlich nahe?

Ich denke, nein. Was ich verbieten würde, in nahezu jedem Fall, ist Falschheit. Die schädlichen Einflüsse sind entweder an sich falsch oder aber sie neigen dazu, Falschheit in den Seelen derjenigen, die ihnen unterliegen, zu befördern. Sokrates' Handlungen waren davon nun ziemlich genau das Gegenteil. So weit ein Mensch dazu in der Lage ist, hat er Wahrheit und Wissen zu befördern, nicht Lug und Trug.

Nun, Ihre Prinzipien klingen edel, aber wer wäre denn qualifiziert, das Amt des Zensors auszuführen?

Natürlich wird die Zensur den Staatsbeamten obliegen. In Religionsangelegenheiten werden das die Priester und Erzieher sein, während es bei der Kontrolle von Auslandsreisen davon abhängt, welchem Zweck die Reise dient. Diese Kontrollfunktion der Regierung habe ich immer sehr ernst genommen, und es ist wichtig, dass man hier strenge Sicherheitsmechanismen vorsieht, die Missbrauch verhindern. Detaillierte Ausführungen habe ich in den *Nomoi* dargelegt.

Können Sie uns eine Vorstellung davon vermitteln, was die schädlichen Einflüsse sind und wie Sie die bekämpfen würden?

An erster Stelle würde ich sagen, geht es um die Dichter und Dramatiker. In den Darstellungen der Dichter finden wir Götter, die sich unmöglich benehmen und Menschen, die trotz ihrer Verwerflichkeit ungeschoren davonkommen, zu genüge. Solche Geschichten bestehen beide Tests der Zensur nicht – sie sind nicht nur falsch, sondern sie haben auch einen schlechten Einfluss auf Charakter und

Verhalten. Der Schaden, den die Dramatiker anrichten können, wird wohl am besten am Beispiel der *Wolken* von Aristophanes deutlich. In dieser Komödie erscheint Sokrates als ein skrupelloser Sophist, dem es gelingt, das schlechtere Argument für das bessere scheinen zu lassen und diese Fähigkeit unter einem Gewimmel von Schülern verbreitet. Vermutlich hatte diese Falschdarstellung Einfluss auf Sokrates' Verurteilung. Dramatiker sind generell gefährdet, menschliche Schwäche und Narretei abzubilden und können keinem nützlichen Zweck in einer aufgeklärten Gesellschaft dienen.

Wenn auch schweren Herzens empfehle ich also, dass alle nachahmenden Künstler aus dem Staat verbannt werden. Sollte sich aber zeigen lassen, dass ihre Werke dem Guten der Gesellschaft dienen, werden sie wieder willkommen sein, und man wird ihre Häupter bekränzen.

Ein anderer Einfluss, den man unterdrücken muss, ist der der Atheisten. Diejenigen, die die Existenz der Götter leugnen, sind vermutlich genauso schädlich, wie diejenigen, die sie als unmoralisch darstellen. Die erste angemessene Antwort auf diese Leute ist, sie zu erziehen. Sie müssten eingesperrt werden und zu Mitternacht von den Mitgliedern der Nächtlichen Versammlung, bestehend aus den hervorragendsten Philosophen der Stadt, aufgesucht werden. Dieser Rat würde dann mit den Atheisten diskutieren, um ihnen die Fehler in ihren Meinungen aufzuzeigen. Wenn das nichts bringt – wenn sie also starrköpfig in ihrem Unglauben sind – sollten sie vor die Wahl gestellt werden. Entweder erklären sie sich dazu bereit, ihre Meinungen für sich zu behalten, oder aber sie werden zum Tode verurteilt und ihre Leichname werden den Wölfen vor den Mauern der Stadt zum Fraß vorgeworfen.

Da stehen mir ja die Haare zu Berge! Todesstrafe für Ungläubigkeit? Sind Sie sich darüber im Klaren, dass, wenn Sie diese Politik im 20. Jahrhundert verfolgt hätten, Sie die Mehrzahl der Philosophen, ihre eigenen Leute, getötet hätten?

Die Strafe steht nicht allein auf Ungläubigkeit – Atheisten, die still sind, wird ihre Freiheit gelassen. Ich gebe ja zu, dass die Strafe denjenigen, die meinen, missionieren zu müssen, hart erscheinen mag. Wie gesagt ist aber das einzig angemessene Motiv hinter einer Strafe, den armen Irregeleiteten zu bessern. Aber im Falle dieser verstockten Atheisten geht das nicht, da sie sich jeder Umerziehung verweigern. Insofern wird es nur besser, wenn sie eben weniger bemitleidenswert sind, und dies werden sie, wenn man ihre erbärmlichen Leben beendet.

Im Übrigen erscheint mir Ihre Anmerkung, dass die meisten Philosophen Atheisten seien, ziemlich unglaubwürdig. Es dürfte doch völlig klar sein, dass die Ordnung, die wir im Universum erkennen können, einer Erklärung bedarf. Und die einzig für mich plausible Erklärung ist die, dass ich sie mir als eine Art Gotteswerk denke. Sollten Generationen von Philosophen hier anders gedacht haben, weiß ich auch nicht mehr weiter. Natürlich bin ich nicht darauf aus, diese Leute umzubringen. Vermutlich handelt es sich hier um eine der Gelegenheiten, wo alle von einem umsichtig geführten Dialog profitieren können. Wir alle – und da nehme ich mich nicht aus – sollten bereit sein, unsere Meinung einer sorgfältigen Prüfung zu unterziehen, und daher würde ich wirklich lieber mit diesen Leuten sprechen, als sie hinzurichten.

Diesem Gespräch würde ich wirklich gerne beiwohnen. Aber zurück zu den Einflüssen, die Ihrem Vorschlag zufolge auch von den Erwachsenen ferngehalten werden sollten. Gibt es abgesehen von dem der Künstler und Atheisten noch weitere?

Ja – Ausländer. In den *Nomoi* hatte ich vorgeschlagen, dass die auf Kreta neu zu planende Stadt etwa zehn Meilen von der Küste entfernt sein sollte. Häfen führen zu einem Austausch mit Fremden. Leute kommen dort an und zugleich erleichtern sie Reisen ins Ausland. Die Bürger, die allzu leicht zu beeinflussen sind, laufen Gefahr, fremde Sitten zu kopieren, ohne deren Missstände zu sehen. Nur den Bürgern, die sowohl über einen tadellosen Charakter als auch über höhere Bildung verfügen, sollte der Zugang zu fremden Gesellschaften gestattet werden.

Das sind alles krasse Einschränkungen. Wird es also in Ihrem Staat auch keine Meinungsfreiheit geben?

Doch, einige Freiheiten sind lebenswichtig. Unser Ziel ist es, das Wohlergehen in unserer Gesellschaft zu fördern, und dies bedeutet, dass wir alles tun, was Weisheit und Wissen steigert. Insofern müssen wir sicherstellen, dass dort, wo die Staatsbeamten durch Wahl ins Amt kommen, jeder Bürger das vollständige Rederecht bei den politischen Debatten hat. Die gewählten Volksvertreter haben die Weisheit nicht gepachtet, und man muss ihnen die Möglichkeit geben, vom Rat ihrer Landsmänner profitieren zu können. Es ist auch gut möglich, dass die

Einwohner unserer Stadt etwas von anderen Städten lernen können, und deshalb ist es wichtig, dass die Urteilsfähigsten unserer Bürger Erfahrungen mit dem Lauf der Dinge anderswo machen. Das Recht auf freie Meinungsäußerung und die Freiheit der Wissenschaft sind beide wichtig, aber nur in dem Maße, wie sie ihrer Wahrscheinlichkeit nach dem Wohle der Gesellschaft dienen.

Um also auf Ihre Frage nach meinem Verhältnis zur offenen Gesellschaft zurückzukommen: Ich bin der Meinung, dass eine Gesellschaft den guten Einflüssen gegenüber offen, den schlechten gegenüber verschlossen sein sollte. Und es ist Sache des Gesetzgebers, Institutionen und Verfahren zu entwickeln, die es ermöglichen, die einen von den anderen zu unterscheiden.

Über die Gleichstellung der Frauen

Platon gilt als einer der Ersten, die sich für die Gleichberechtigung der Frau einsetzten, auch wenn er seine Begründung dafür auf die daraus erwachsenden gesellschaftlichen Vorteile stützte, und weniger auf die Vorstellung, dass Frauen an sich gleiche Rechte hätten. Zu seiner Zeit war dieser Vorschlag weitaus umstrittener, als er das heute, zumindest in einigen Teilen der Welt, ist. Nachdem Frauen nahezu vollständig von vielen Beschäftigungen und gesellschaftlichen Aktivitäten ausgeschlossen waren, konnten sie ihre Fähigkeiten nicht beweisen wie heute, wo Frauen tatsächlich die Dinge tun, zu denen sich früher Männer allein befähigt fühlten. Daher musste Platon eine andere Rechtfertigung für seinen Vorschlag finden.

Sie haben den Ausschluss der Frauen vom intellektuellen Leben Ihrer Gemeinschaft thematisiert, und wir wissen, dass Sie die Gleichberechtigung der Frauen befürworteten. Aber was genau haben Sie empfohlen und warum?

Ich habe für Frauen genau dasselbe empfohlen wie für jeden anderen auch. Jede Person sollte die Privilegien und Honorierungen erhalten, die ihren Fähigkeiten und ihrem Charakter entsprechen. Niemand sollte aufgrund seines Reichtums, seiner Herkunft oder sonstiger Merkmale, die nichts mit Verdienst zu tun haben, jemand anderem vorgezogen werden.

Das scheint mir ein ehrenwerter Grundsatz zu sein, aber wie kamen Sie darüber dazu, die Gleichheit der Frauen zu fordern? Immerhin erklärt dieser Grundsatz allein die Frauen noch nicht für gleichwertig.

Ich verstehe Ihren Punkt, aber die Begründung für meine Vorschläge ist nicht schwer zu erkennen. Ich habe befürwortet, dass Frauen die gleiche Erziehung genießen sollten und ihnen die gleichen Mitwirkungsmöglichkeiten, das heißt auch der Bürgerstatus, gegeben sein sollten. Keine Bevorzugungen und keine Benachteiligungen.

Wo es für ihre Arbeit wichtig ist, sollten Frauen von der Sorge für die Kinder freigestellt werden. Um dies zu begründen, muss man nur zeigen, dass das nicht irgendwie unmöglich oder widernatürlich ist und dass es zu ihrem Besten sein würde. Die Möglichkeit, dass Frauen die gleiche Arbeit wie Männer verrichten können, lässt sich über eine simple Analogie beweisen. Menschen sind Tiere und der Unterschied zwischen einem männlichen und einem weiblichen Menschen entspricht dem Unterschied zwischen einem männlichen und einem weiblichen Tier einer anderen Spezies. In Bezug auf Tiere kommt niemand auf die abstruse Idee zu sagen, eine Stute sei ungeeignet, einen Reiter zu tragen oder einen Wagen zu ziehen, oder eine Hündin eigne sich nicht dazu, die Schafe zu hüten. Insofern disqualifiziert der Unterschied zwischen männlichen und weiblichen Menschen nicht die Frauen von der Arbeit, die Männer tun.

Ich habe das Gefühl, dass einige Frauen nicht so begeistert wären, wenn sie als Tiere bezeichnet würden, auch wenn es der guten Sache dient.

Na ja nun, das tut mir leid, aber es handelt sich dabei schlicht um eine biologische Tatsache. Wenn es die

Gemüter besänftigt, bin ich ganz einverstanden damit, wenn wir festhalten, dass Männer genauso sehr Tiere sind wie Frauen.

Wie besänftigend das sein könnte, sei dahingestellt! Aber ich habe immer noch eine weitere Verständnisschwierigkeit, die Ihr Argument für die Gleichstellung der Frauen betrifft. Warum haben Sie sich nicht einfach auf das angeborene Recht der Frau auf Gleichbehandlung berufen?

Ich lehne ethische Argumentationsmuster, die sich auf individuelle Rechte stützen, nicht völlig ab, denn es kann einigen Nutzen zur Klärung der ein oder anderen moralischen Frage haben. Mein Ansatz ist aber, immer auf das allgemein menschliche Wohlergehen, auf das Gute abzustellen. Bislang ist es nicht notwendig erschienen, etwas anderes in Betracht zu ziehen. Sollte es sich herausstellen, dass mein Weg zu denken, uns auf den Holzweg führt, wäre dies sicherlich Anlass genug, andere Gründe für unsere moralischen Urteile zu finden.

Okay, Sie haben gezeigt, dass es nicht widernatürlich ist, Frauen gleich zu behandeln. Könnte das aber nicht mit einer guten öffentlichen Ordnung in Konflikt geraten? Könnte es nicht sein, dass die sozialen Kosten, die insbesondere die Familie zu tragen hätte, den Gewinn übersteigen?

Wenn wir Dinge wie diese gewichten, müssen wir uns auf Wahrscheinlichkeiten verlassen. Dennoch gibt es eine Reihe von Dingen, derer ich mir ziemlich sicher bin. Das Gute für die Gesellschaft ist in letzter Konsequenz das Wohlergehen ihrer Mitglieder. Ich habe schon dafür argumentiert, dass das Wohlergehen einer Person darin besteht, dass sie eine tugendhafte Person ist – dass sie zu menschlicher Vollkommenheit gelangt. Folglich muss es das Ziel eines gut regierten Staates sein, so viele seiner Mitglieder wie möglich in den Stand zu setzen, ihr volles Potenzial zu entfalten. Die Hälfte der Bevölkerung dabei auszuschließen heißt, der Gesellschaft einen kostenlosen Gewinn zu versagen. Ein weiterer – wenn auch weniger gewichtiger – Punkt ist, dass wir so die intellektuellen Beiträge der Frauen nicht praktisch wirksam werden lassen könnten. Es scheint doch sehr wahrscheinlich, dass, wenn Frauen weiterhin unterdrückt werden, die wichtigen Positionen von weniger befähigten Personen besetzt bleiben. Das bedeutet für die Gesellschaft einen schwerwiegenden Verlust – meiner Ansicht nach schwerwiegender als der Verlust, welcher dadurch entstünde, wenn einige Frauen von der häuslichen Arbeit freigestellt würden.

Das ist jetzt Ihre Meinung, aber handelt es sich hier nicht um eine empirische Frage, die endgültig nur durch einen echten Test entschieden werden kann?

Ja, selbstverständlich. Sie scheinen jedoch einen alten Mann aufs Glatteis führen zu wollen. Wenn ich nicht völlig falsch liege, ist doch gerade Ihre Gesellschaft dabei, dieses Experiment durchzuführen. Ich hatte nie Ihre Gelegenheit, in dieser Sache aufgrund empirischer Fakten zu urteilen, da man zu meiner Zeit nicht geneigt war, meinen Vorschlägen zu folgen. Niemals hätte ich mir träumen lassen, dass Jahrhunderte, geschweige denn Jahrtausende vergehen würden, bis man ihnen eine echte Chance geben wurde.

Platonische Liebe

Mit erotischer Liebe wird gewöhnlich nur sexuelle Attraktion assoziiert. Platon allerdings lässt Sokrates im Symposion ein Loblied auf *Eros* als einer Kraft weitaus mächtiger als bloßer Sex singen. Es wird behauptet, dass sie in ihrer höchsten Stufe nur von denjenigen verstanden wird, die in der Philosophie weit fortgeschritten sind. Im Begriff des *Eros* ist Platz für die homosexuelle Liebe – moderne Leser sind in der Tat oft erstaunt über die Selbstverständlichkeit, mit der sie behandelt wird –, und auch die Freundschaft, oder *Philia*, spielt hier eine Rolle. Trotz der Überhöhung der Liebe zu einer intellektuellen Angelegenheit, wie sie sich in Sokrates' Rede manifestiert, erkennt Platon ihre besser vertrauten Formen in den Reden des Aristophanes und anderer Teilnehmer des Symposions an.

Sie haben sich ja oft zur Liebe geäußert, und der Begriff der »platonischen Liebe« ist uns gut bekannt. Für uns bedeutet er eine vage Form von asexuellem oder nicht-sexuellem Gefühl. Ist es wirklich das, was Ihnen vorschwebte?

Mitnichten. Was Sie meinen entspricht dem, was wir *Philia* genannt haben, eine Art brüderliche Freundschaft. Begriffe wie »Philatelie«, »Philanthropie« oder »Bibliophilie« kennen Sie sicherlich. Diese sind alle genuin asexueller Natur, aber darum ging es mir nicht. Worauf ich hinaus wollte, war *Eros*. Ich nehme an, Ihrer Gesellschaft ist Erotik durchaus ein Begriff. Woran ich also wirklich dachte, war genau das, jedoch Erotik ihrer wirklichen Idee nach verstanden, nicht in ihrer niedrigsten Erscheinungsweise. Sie könnten anstelle von asexuell oder nicht-sexuell besser hyper-sexuell oder meta-sexuell sagen. Das würde die Sache treffen.

Bitte? Sie wollen also sagen, dass platonische Liebe die platte alte Begierde ist, nur intensiver und ekstatischer?

Sehr witzig, Bester! Nein, ich bin mir sicher, Sie wissen, dass ich das nicht meinte. Liebe, richtig verstanden, ist tatsächlich etwas, das viel weiter geht als der gewöhnliche

Trieb, den Sie Begierde nennen. Aber sie überschreitet diese Triebe nicht dadurch, dass sie intensiviert wird, sondern indem sie erweitert und sublimiert wird.

Erweitert? Wie das?

Nun, normalerweise ist die erotische Erregung auf einen physischen Körper gerichtet, auf den eines Jünglings oder einer Frau. Von hier aus mag derjenige, der wirklich lieben lernt, zu der Liebe einer schönen Seele fortschreiten. Und diese Liebe eines einzelnen Körpers oder einer einzelnen Seele wird dann wiederum zur Liebe aller schönen Körper und Seelen. Der nächste Schritt bestünde darin, die Schönheit der gemeinsamen Kultur, der Institutionen und der Gesetze zu feiern. Diejenige Person, die soweit gekommen ist, wird also den Gegenstandsbereich des Geliebten beträchtlich erweitert und ein vermindertes Verlangen nach schönen Körpern haben.

Warten Sie, ist nicht erotische Liebe speziell an einen einzelnen Körper oder eine individuelle Seele gebunden? Wie kann die Liebe zu Körpern im Allgemeinen, ganz zu schweigen von der Liebe zu Praktiken und Institutionen, dasselbe sein?

Mir scheint doch das zentrale Merkmal erotischer Liebe ihre Eigenschaft als Verlangen zu sein. Genauer: es handelt sich hier um das Verlangen, das zu besitzen, was der Gegenstand meiner Liebe ist. Wenn wir dies im Auge behalten, lässt sich sehr leicht erkennen, dass der verallgemeinerte Sinn für das Schöne zu derselben Kategorie wie intensives sexuelles Verlangen gehört. Vielleicht fällt es Ihnen leichter zu folgen, wenn Sie die Verallgemeinerung, wie ich sie verstehe, als eine Art Übertragung oder Sublimierung von sexueller Begierde begreifen.

Also ist es dann das?

Nein. Es gibt noch ein paar weitere Schritte auf dem Weg zu wahrer Liebe. Jenseits der Wertschätzung schöner Gesetze und Gewohnheiten liegt die Begeisterung für alle Wissensformen. Diese wiederum kulminiert dann in der Liebe zur Weisheit – in der Philosophie. Schließlich wird derjenige, der sich voller Hingabe der Philosophie gewidmet hat, in intellektueller Hinsicht die eigentliche Natur der Schönheit besitzen. Dies ist die höchste Form der Liebe.

Die eigentliche Natur der Schönheit, was soll das sein? Und was genau meinen Sie damit, dass man sie besitzen wird?

Schönheit gehört zu den Dingen, die man erst nach einer sehr langen und intensiven Zeit des Studiums wirklich verstehen kann. Soviel zumindest ist sicher – und dass sie etwas Gutes ist. Und weil sie gut ist, ist sie erstrebenswert. Erstrebenswert meine ich dabei ganz wörtlich, nämlich: dass, sie es wert ist, erstrebt zu werden, Gegenstand unseres Verlangens zu sein. Also macht die Anwesenheit von Schönheit in einer Sache die Sache selbst liebenswert.

Darüber hinaus möchte ich mich nicht festlegen. In einem der Dialoge schlägt Sokrates vor, dass Schönheit eine Frage des Vergleichs ist. Ein schöner Topf erschiene hässlich im Vergleich zu einem schönen Mädchen, und das Mädchen käme im Vergleich mit einer Göttin eher schlecht weg. Ob das der Fall ist oder ob Schönheit jeweils etwas Absolutes ist, kann ich nicht entscheiden. Wie auch all die anderen Fragen, die uns am meisten umtreiben, so wie die nach Wahrheit und Gerechtigkeit, bleibt die Schönheit noch vollständig zu enthüllen.

Und was ich meinte, als ich davon sprach, dass man Schönheit besitzen kann, ist das vollkommene Verständnis dessen, was ich gerade erwähnte. Das Verständnis von Schönheit selbst ist eine der wertvollsten Errungenschaften der Dialektik.

Ich kann nachvollziehen, wie Ihre platonische Liebe über die sexuelle Form der Liebe hinausreicht und sie überwindet, aber ich bin ein wenig verwirrt, was ich mit ihrer Abgrenzung von Philia anfangen soll. Sie haben behauptet, dass Philosophie erotisch, Philanthropie hingegen nicht erotisch sei. Wie kommt das?

Wodurch sich *Eros* von *Philia* unterscheidet lässt sich in einem Wort zusammenfassen – Verlangen. Wie ich schon erwähnte, ist *Eros* seiner Natur nach Verlangen. Vergleichen Sie dies einmal mit Philanthropie. Wenn Sie Ihren Liebsten lieben, haben Sie das Verlangen danach, dass er oder sie ganz Ihnen gehöre – aber Ihre Liebe zur Menschheit bringt Sie nicht dazu, zu wünschen, dass die ganze Menschheit Ihnen gehöre. Der philanthropische Impuls ist einer, der mehr gibt, als dass er fordert. *Philia* und *Eros* sind sich in der Hinsicht ähnlich, als dass sie beide Gefühle sind, aber sie unterscheiden sich dadurch, dass *Eros* ein besitzergreifendes ist.

Ich verstehe, weshalb Sie in Bezug auf Philosophie verwirrt sind. Dasselbe Präfix suggeriert, dass Philosophie und Philanthropie jeweils eine besondere Form der *Philia* seien. Dazu kann ich nicht mehr sagen, als dass ich für die Verzwicktheiten unserer Sprache auch nichts kann.

Nun kommen wir zu einer Frage, die ein wenig heikel ist. Sie stellen die homosexuelle Liebe als etwas völlig Natürliches dar. Dagegen haben die Leute aber bis vor Kurzem noch eher darüber getuschelt, als ob es etwas wäre, dessen man sich zu schämen habe. Was haben wir hier noch nicht verstanden?

Zunächst einmal würde ich sagen, dass Sie sich über die Tatsachen der menschlichen Natur klar werden müssten. Homosexuelle Impulse kommen vor, sogar in den ausgezeichnetsten Menschen. Nehmen Sie meinen eigenen Bruder, Glaukon. Er war einer der glühendsten Verehrer von Jünglingen. Oder von mir aus auch Sokrates, wenn Sie noch mehr Beispiele wollen.

Abgesehen davon müssen Sie die Gegebenheiten meiner Gesellschaft zu der Zeit bedenken. Aufgrund der Ausgrenzung von Frauen wegen ihres gesellschaftlichen Status entstand Gemeinschaft nahezu ausschließlich mit Menschen des gleichen Geschlechts. Zu meiner Zeit hätten Sie Männer und Frauen nicht gemeinsam in der Öffentlichkeit gesehen. Und so war es ganz natürlich, dass intime Beziehungen zwischen Männern entstanden. Die Beziehungen zwischen Frauen habe ich nie aus der Nähe mitbekommen.

Und Sie haben sich niemals an gleichgeschlechtlichem Sex gestoßen?

Sie sollten hier ein bisschen vorsichtig sein. Sexuelle Praktiken an sich, ob nun heterosexueller oder homosexueller Spielart, können anstößig oder unangemessen sein. Letzteres verurteile ich natürlich, und ich denke, man sollte sich in jedem Fall maßvoll und höchst anständig verhalten. Wie in so vielen anderen Dingen kann Sokrates hier als bewundernswertes Beispiel dienen. Sokrates traf einst meinen Onkel, Charmides, der zu der Zeit als einer der schönsten und verheißungsvollsten jungen Männer Athens galt. Als Sokrates einen Blick in Charmides' Umkleidezimmer erhaschte, entbrannte er vor Leidenschaft. Aber unser Held bewältigte seine ersten Impulse und versuchte herauszufinden, ob die Seele des jungen Mannes genauso schön war, wie sein Körper. Dies veranschaulicht auf exzellente Weise den Aufstieg zu dem, was man platonische Liebe nennt. Bitte beachten Sie, dass ich Enthaltsamkeit nicht als Zweck an sich lobe. Aber als ein Element von Schicklichkeit ist sie wertvoll und stellt einen essentiellen Schritt der Erweiterung und Erhöhung dar, die zu wahrer, reiner Liebe führen.

Sie hatten auch erwähnt, dass Sie mehr an Eros als an Philia interessiert seien. Warum diese Präferenz?

Ich denke, das liegt vor allem an der dynamischen Rolle, die er in der Natur und in menschlichen Angelegenheiten spielt. Eros ist nicht nur besitzergreifend, sondern auch produktiv. Er treibt Menschen und andere Tiere an, sich zu reproduzieren. Mehr noch, wenn wir über den Ursprung der Welt Vermutungen anstellen wollten, könnten wir sogar annehmen, dass er das treibende Prinzip der Schöpfung gewesen ist.

Dann haben Sie also nichts für Philia übrig?

Ganz im Gegenteil. Ich würde sagen, dass sie in unserem Leben genauso wichtig wie alles andere sein kann. Innerhalb einer Gemeinschaft ist sie von absoluter Notwendigkeit. Ohne dieses Gefühl von Freundschaft unter den Bürgern würde jede Gesellschaft zerfallen und von Feindseligkeit geprägt sein. Natürlich wünscht man sich nicht, dass alle Mitglieder einer Gesellschaft erotische Beziehungen zueinander aufbauen, universelle Freundschaftsbande hingegen sind höchst erstrebenswert. Auch innerhalb der Familie ist kaum etwas so wichtig, wie die

Freundschaft zwischen Mann und Frau. *Eros* spielt eine wesentliche Rolle, aber auf lange Sicht ist es *Philia*, die die Familie zusammenhält.

Das ist aber alles sehr kopflastig. Fordern Sie nicht ein wenig zuviel von Ihren Lesern, wenn Sie Ihre Vorstellung von erotischer Liebe akzeptieren sollen, wo diese doch so sehr mit Vergnügen assoziiert ist und weniger mit Nachdenken?

Wahrscheinlich schon. Sehen Sie, das ist die Meinung eines Philosophen zur Liebe. Man kann sie auch aus anderen Perspektiven betrachten – das geschieht ja zum Beispiel im *Symposion*. Dort beenden die Feiernden die übliche Party-Unterhaltung und Trinkerei zugunsten einer Konversation, in welcher jeder versucht, den anderen im Lobgesang auf *Eros* zu übertreffen.

Unter ihnen sticht Aristophanes durch seine komödiantische Phantasie hervor. Menschen, sagt er, seien ursprünglich Doppelkreaturen mit zwei Gesichtern und je vier Armen und Beinen gewesen. So liefen sie auf vier Beinen wie wir es auf zweien tun, aber wenn sie rennen mussten, wirbelten sie umher wie es Akrobaten in Luftsprüngen tun. Es gab drei Varianten dieser ursprünglichen Menschen. Einige waren auf beiden Seiten weiblich, andere männlich und wieder andere – die echten Hermaphroditen – waren halb Mann, halb Frau. Diese großartigen Kreaturen waren so ehrgeizig, dass sie sich gegen die Götter verschworen. Nachdem Zeus sie nicht zerstören oder verbannen wollte, teilte er sie in zwei, so dass sie nur mehr auf zwei Beinen laufen konnten. Den so neu geteilten Menschen wurde die Haut über ihrer Schnittseite straff zusammengezogen und am Nabel verknotet. Ihre Köpfe, Gliedmaßen und Geschlechtsteile wurden zu dieser Seite hin gedreht, und so konnten sie sich auf die Art und Weise fortpflanzen, wie wir es heute kennen. Jeder geteilte Mensch strebt seitdem ohne es zu wissen nach der Vereinigung mit seiner früheren anderen Hälfte. Diejenigen, die zuvor nur Mann waren, finden ihre Erfüllung in den Armen von Männern. Diejenigen, die aus zwei Frauen bestanden, werden Frauen begehren und wer ein Mann-Frau-Gebilde war, sucht das andere Geschlecht. Dieses Verlangen nach Einheit und die Erfüllung, wenn sie erreicht wird, ist, laut Aristophanes, Liebe.

Faszinierend! Aber was wollten Sie erreichen, indem Sie diese und andere Reden Sokrates' Vorstellung von Liebe gegenüberstellen?

So, wie es Dichtern möglich ist, gibt Aristophanes hier Einblick in die Natur der Liebe. Selbst die Rede von Sokrates' altem Gefährten, Alkibiades, hilft, das Bild von der Liebe zu vervollständigen. Er taucht ja schon völlig betrunken auf der Feier auf und trägt auf unkluge Weise zu der Diskussion bei, indem er Sokrates seine Liebe gesteht. Seine Zuneigung zu ihm beinhaltet seine Bewunderung für Sokrates' Mut im Kampf – dem er sein Leben verdankt –, die Scham, die er empfindet, wenn er sein eigenes Leben mit dem von Sokrates vergleicht und die Anerkennung der großartigen Zurückhaltung, mit der Sokrates seinen Verführungsversuchen widerstanden hatte.

Was Sie also die Meinung eines Philosophen über die Liebe nennen, wird von Sokrates vorgestellt. Die anderen Sprecher im Symposion *bieten hingegen recht unterschiedliche Sichtweisen an. Wo stehen Sie selbst wirklich?*

Auf der Seite des Philosophen natürlich. Aber, obwohl ich nichts von dem, was ich Sokrates habe sagen lassen, zurücknehme, bin ich vollkommen einverstanden damit, wenn andere ihre Meinung vertreten.

Scheitern auf Sizilien

Die in der *Politeia* dargelegte politische Theorie forderte die Herrschaft der Philosophen-Könige. In seiner zweiten Lebenshälfte stellte sich Platon der Aufgabe, sein Ideal in die Praxis umzusetzen. Er reiste nach Sizilien, um dort den jungen Tyrannen von Syrakus, Dionysos II., zu erziehen. Syrakus war unter den griechischen Städten vor allem für ihren Luxus und ihre Verdorbenheit bekannt. Im *Siebten Brief* erklärt Platon, warum er diese Herausforderung angenommen hatte und erzählt von dem Ergebnis dessen, was ihm schon vorher als nutzloses Unterfangen erschien.

Obwohl Sie zugegeben haben, dass die Philosophenherrschaft undurchführbar ist, haben Sie ja doch eine recht lange Zeit und viel Mühe auf Ihren Versuch verwendet, den jungen Tyrannen von Syrakus in einen Philosophen-König zu verwandeln. Ist das nicht ein wenig widersprüchlich?

Nein, nicht unbedingt. Ich habe immer die Herrschaft der Philosophen-Könige als Ideal betrachtet. Wenn Sie allerdings einen Vorschlag für ein von Grund auf neu zu gründendes Gemeinwesen machen sollen, schien es mir, dass dieses Ideal einem zu hohen Risiko ausgesetzt sein würde, in schlechtere Regierungsformen umzuschlagen und vielleicht sogar in einer Tyrannis zu enden. In Syrakus dagegen haben wir nicht bei Null angefangen, sondern bei einer schon fest verwurzelten Tyrannis. Insofern konnte es nur Raum für Verbesserungen, nicht für Verschlechterungen geben.

Darüber hinaus wurde auch beachtlicher Druck auf mich persönlich ausgeübt, doch wenigstens die praktische Umsetzung dessen, was ich immer predigte, zu versuchen. Bei einer früheren Reise nach Syrakus hatte ich in Dion einen philosophiebegeisterten Freund gefunden, der meine politischen Ansichten teilte. Als er mir dann später versicherte, dass der junge Dionysos ein viel versprechender Kandidat sei und er, wie auch Dionysos selbst, mich drängte, zu kommen und mich der Erziehung des jungen Mannes anzunehmen, konnte ich das nur schwer ausschlagen. Ich entschied mich, meine Arbeit an der Akademie zurückzulassen und die Aufgabe auf mich zu nehmen, aus einer Tyrannei eine richtige Aristokratie zu machen.

Und wie lief das ab? Entsprach der junge Tyrann ihren Erwartungen?

Das lief überhaupt nicht gut. Dionysos machte zunächst den Eindruck, mir gefallen zu wollen, aber unsere Bemühungen waren aufgrund einer Reihe von Dingen zum Scheitern verurteilt. Eines war zugegebenermaßen meine eigene Hast. Nachdem ich mir sicher war, dass der Junge in der Philosophie gut vorangekommen war, machte ich mich direkt daran, ihm bei der Formulierung einiger gerechter Gesetze behilflich zu sein. Das verletzte natürlich mein eigenes Prinzip, dass ein Herrscher zuerst eine rigorose philosophische Schulung erhalten muss, bevor er ans Regieren gelassen wird. Das führte auch zum zweiten, unüberwindbaren Hindernis unseres Erfolges. Es gab ein paar Leute um Dionysos, die auf Dion und mich extrem eifersüchtig wurden. Sie redeten Dionysos ein, dass ich Dion ihm vorziehen würde und dass Dion gegen ihn eine Verschwörung plane. Und sie hatten Erfolg mit ihren Verleumdungen. Dion wurde ins Exil geschickt, wo er gerade noch ein Einkommen von seinem Eigentum beziehen durfte. Ich wurde eine gute Weile als »Gast« festgehalten. Schließlich durfte ich gehen mit der Abmachung, dass ich zurückkehren dürfe, wenn die Zeit reif sei. Ich ging sehr erleichtert zurück nach Athen und an die Akademie.

Das war aber noch nicht das Ende ihrer politischen Einmischung in Syrakus. Warum haben Sie diese lange Reise ein zweites Mal angetreten?

Ich hatte zwar kein Verlangen, nach Sizilien zurückzukehren und auch keinerlei Vertrauen, dass es mir gelänge, Dionysos zu bekehren, aber der Mann hatte mich in der Hand. Dion war zu mir an die Akademie gekommen, da er nach Hause zurückkehren und wieder bei seiner Familie sein wollte. Dionysos versprach, dass, wenn ich zurückkäme und wieder sein Mentor würde, Dions Angelegenheiten ganz zu seiner Zufriedenheit geregelt würden.

Und wie kamen Sie das zweite Mal zurecht?

Sogar schlimmer, als ich es mir vorgestellt hatte. Dieses Mal beherzigte ich meinen eigenen Rat und sagte Dionysos, dass es wirklich notwendig sei, sich auf seine Herrschaft durch eine gute Bildung vorzubereiten. Wir begannen also, wie ich es auch immer empfohlen hatte, mit anspruchsvollen Mathematikübungen. Es ist wohl überflüssig zu sagen, dass wir noch nicht weit gekommen waren, bis seine Ungeduld in Langeweile umschlug.

Unterm Strich hatte dieser zweite Versuch weder mir noch Dion etwas Gutes gebracht. Dions Exil wurde verlängert, und noch dazu wurde ihm seine finanzielle Sicherheit genommen. Man behandelte mich wie einen Gefangenen, und doch musste ich fürchten, dass ich von Dionysos Feinden umgebracht würde, da man annahm, dass ich, nachdem ich sein »Gast« war, auch sein Verbündeter sei. Nach einigen äußerst unangenehmen Konfrontationen schickten Freunde von mir aus Italien ein Schiff nach Syrakus mit der dringenden Bitte, man möge mich nach Hause gehen lassen. Dionysos war einverstanden, und so konnte ich fliehen.

Und was haben Sie aus all dem gelernt?

Diese Frage ist tatsächlich unverschämt. Nichts von dem, was geschehen ist, hat mich überrascht. Ich wusste von Anbeginn, dass die Erfolgsaussichten schlecht waren. Ich hätte genau dann etwas gelernt, wenn sich die Dinge in völlig unerwarteter Weise entwickelt hätten. Sie dürfen schon annehmen, dass ich mir die ganze Zeit über bewusst war, dass es keinen einfachen Weg zum idealen Staat gibt.

Große Denker

Schon zu Platons Zeiten gab es Schulen, die vornehmlich der höheren Bildung dienten. In Athen leitete zum Beispiel Platons Kontrahent Isokrates eine Rhetorikschule. In Kyrene gab es eine Mathematikschule, mit Eudoxos als wichtigster Figur. Die pythagoreische, mathematisch/religiöse Gemeinde bildete sich in Süditalien. Und in einem Hain am Rande Athens, der dem Held Hekademos gewidmet war, errichtete Platon seine eigene Akademie und Forschungsinstitution. Schnell zu Bedeutung gelangt, blieb diese 900 Jahre lang in Athen und ist damit die bislang langlebigste »Universität« der Welt, langlebiger noch als die Universität von Paris.

Sie erwähnten Ihre Akademie, deren Namen wir heute noch als Sammelbegriff für höhere Bildungsinstitutionen benutzen. Was bewegte Sie zu ihrer Gründung?

Zweierlei schwebte mir vor. Zum einen hatte ich nach dem Tod von Sokrates bemerkt, dass die jungen Leute keine Möglichkeit hatten, so wie ich, Philosophie aus erster Hand zu lernen. Die Akademie war mein Versuch, etwas von dem Glück, das ich gehabt hatte, weiterzugeben. Indem ich die besten Mathematiker und Philosophen zusammenbrachte, wollte ich das ehrenwerte Unterfangen, das Sokrates begonnen hatte, fortführen. Daneben hatte ich auch immer den Gedanken im Hinterkopf, dass die Philosophen, wenn sie ausgebildet und irgendwie an die Macht gebracht werden könnten, in der Lage wären, die Wirren in den Städten meiner Zeit zu beenden. Es wäre falsch anzunehmen, dass die Akademie dem entsprach, was Sie vielleicht eine Schule der Politikwissenschaft nennen würden, aber ich dachte doch, dass philosophische Expertise zur Verbesserung der Regierung beitragen könnte.

Wie sah der Lehrplan an der Akademie aus?

Lassen Sie mich kurz skizzieren, was ich für den richtigen Studienweg eines Philosophen hielt, der vielleicht einmal in die Politik gehen sollte. Zehn Jahre lang, im Alter von zwanzig bis dreißig, sollten sich die Studenten auf die Mathematik konzentrieren. Zunächst ginge es um Arithmetik, gefolgt von zweidimensionaler Geometrie und dann dreidimensionaler. Der Höhepunkt wären Studien der mathematischen Idealformen, also: der harmonischen Wellen, der Bewegungen der Himmelskörper oder der Astronomie. Auf diese zehn Jahre Mathematikstudium sollten fünf Jahre praktischer Übung in Dialektik folgen, Sokrates' Frage-Antwort-Technik.

Sie müssen allerdings beachten, dass unsere Studien beileibe nicht auf einen festgelegten Lehrplan beschränkt waren. Ich nehme an, Sie sind mit den Werken von Aristoteles vertraut; der hat sich ja während seiner zwanzig Jahre an der Akademie intensiv mit den verschiedensten Fächern auseinandergesetzt, von denen einige weit vom Kern der Mathematik und Philosophie entfernt sind.

Mich erstaunt, dass Sie die Mathematik so betonen, nachdem doch Ihr Hauptanliegen war, die Philosophie voranzutreiben. Warum ist Ihnen das Studium der Zahlen, Formeln und Figuren so wichtig? Mir erscheinen diese beiden Studienbereiche ziemlich weit voneinander entfernt.

Die kurze Antwort ist, dass es viel offensichtlicher ist, dass die Mathematik nur der Vernunft für ihren Fortschritt bedarf. Obwohl Philosophie und Mathematik beide gleichermaßen auf der Vernunft beruhen, lässt sich die Verbindung leichter erkennen, wenn Sie abstrakt über Quantität und Figur nachdenken, als wenn Sie der Frage nach Gerechtigkeit, Schönheit und dem Guten nachgehen. Wenn Sie sich einmal durch das Studium der Mathematik die richtigen Denkgewohnheiten angeeignet haben, können Sie sich sehr viel einfacher auf die abstrakten Wesensarten konzentrieren, die Gegenstand der philosophischen Erörterung sind.

Könnten Sie bitte noch einmal erklären, wie dieser Studienablauf jemanden dazu qualifiziert, einen Staat zu lenken?

Sie erinnern sich, dass die Dialektik, wie sie von Sokrates praktiziert wurde, nach der Wesensart von Dingen wie Weisheit, Mut, Besonnenheit, Gerechtigkeit und dem Guten an sich fragt. Und es gibt ein paar Dinge, die ein Herrscher einfach verstanden haben muss, wenn er oder sie ein guter Herrscher werden soll. Selbst wenn er lediglich für die Rahmengesetzgebung einer repräsentativen Demokratie zuständig ist, ist nicht zu hoffen, dass ihm das gut gelingt, wenn er nicht in der Lage ist, das Gute für die Bürger oder für den Staat klar zu erkennen. Ob man nun direkt Herrschaft ausübt, als König, oder ob man als Gesetzgeber fungiert, in beiden Fällen muss man eine Auffassungsgabe besitzen, die man nur durch Dialektik erwerben kann.

Wir wissen, dass Ihre eigenen Bemühungen, Ihr Wissen auf die Praxis zu beziehen, in Sizilien ohne Erfolg geblieben sind. Hatten Sie oder Ihre Kollegen woanders mehr Glück?

Es ist ein bisschen schwierig, in so kurzer Zeit ein Gemeinwesen erfolgreich einzurichten. Aber einige meiner jüngeren Kollegen, denken Sie an Eudoxos und Aristoteles, waren Aufforderungen nachgekommen, an der

Gesetzgebung neuer Staaten mitzuwirken, und ich denke, ihre Erfahrungen können durchaus als erfolgreich gelten.

War dies die Leistung, die Sie am meisten zufrieden gestellt hat?

Nein. Ich muss schon sagen, dass mich die elektrisierende Atmosphäre in der Wissenschaft am meisten befriedigt hat. Wir hatten da Leute, die meiner Ansicht nach die brillantesten Mathematiker und Philosophen der griechischen Welt waren. Man machte schnell Fortschritte, insbesondere in der Mathematik. Für einen Philosophen war dies der Himmel auf Erden. Es war die Pflicht, die unser Augenmerk auf die Welt außerhalb der Akademie richten ließ, aber die Liebe lenkte sie absolut nach innen.

Platonismus – Die Theorie der Formen

Um die wesentlichen Eigenschaften von Mathematik und Philosophie darzustellen, nahm Platon an, dass es einen Bereich der abstrakten Naturen oder der »Formen« gäbe. Was genau er damit gemeint hatte, wurde zum Gegenstand intensiver wissenschaftlicher Auseinandersetzungen. Durch die ganze Geschichte hindurch hat es Philosophen gegeben, die sich selbst als Platoniker verstanden, aber unter ihnen bestand wenig Einigkeit, was der Kern dieser Lehre sei. Auch kritisierten diejenigen, die mit dem Platonismus nicht einverstanden waren, nicht immer dasselbe.

Der Begriff »Platonismus« wird zumindest in der akademischen Debatte häufig verwendet. Für mich scheint er auf eine sehr große Theorie zu verweisen. Was ist die Absicht dieser Theorie? Was kann sie erklären? Und wovon geht sie aus?

Tatsächlich geht es hauptsächlich um zwei Absichten. Die erste ist, zu erklären, wie es sein kann, dass die sokratische Dialektik den Erfolg hat, den sie hat. Zweitens geht es darum, dem weitverbreiteten subjektivistischen Relativismus von Sophisten wie Protagoras zu begegnen. Beides scheint mir gleichermaßen wichtig. Meine rein philosophischen Schriften sind nicht zu verstehen, ohne diese beiden Absichten stets im Auge zu behalten.

Ich hatte ja schon erwähnt, dass etliche Leute in Sokrates' Dialektik nichts anderes sahen, als eine Taktik, um den Gegner in einen Zustand der Verwirrung zu bringen. Nun bin ich zwar sicher, dass Sokrates' Fragerei genau diesen Effekt haben kann, aber ich bin überzeugt, dass sie genuines Wissen hervorbringen kann. Die Beispiele sollen zeigen, dass diese Methode zu Wissen führt, aber zugleich ist es wichtig, eine Erklärung zu haben, warum dem so ist; und das ist die explanative Absicht des Platonismus.

Helfen Sie mir noch mal auf die Sprünge: wie zeigen Beispiele, dass Sokrates zu Wissen und nicht nur zu Verwirrung führt?

Ich hatte zuvor ein einfaches Beispiel aus der *Politeia* erwähnt, wo das Wesen der Gerechtigkeit erörtert wird. Das Potenzial der sokratischen Vorgehensweise lässt sich leichter erkennen, wenn wir unser Augenmerk darauf richten, wie Sokrates fortfährt, nachdem er Kephalos' Vorschlag, dass Gerechtigkeit nichts anderes sei, als die Wahrheit zu sagen und wiederzugeben, was man empfangen hat, zurückgewiesen hatte. Kephalos selbst will ja nicht mehr weitermachen; sein Sohn Polemarchos dagegen ist begierig, sein Argument zu beerben. Denn er sieht, was im Argument des Vaters schief war und schlägt eine abgeänderte Form vor, die diesen Fehler nicht enthält. Sokrates kann aber auch hier zeigen, dass die Ausführung fehlerhaft ist, wenn auch aus anderen Gründen. Es wird eine neue, abermals geänderte Version der Definition des Sohnes angeboten – aber wieder haben sich über einen anderen Weg Fehler eingeschlichen. Über solche Entwicklungsstufen können die Diskutanten der Wahrheit immer näher kommen. Dieses verbesserte Verständnis basiert vollständig auf Wissen, das sie selbst schon besaßen.

Nun, wenn aber Beispiele ausreichen, um zu zeigen, dass die sokratische Dialektik erfolgreich sein kann, wozu brauchen Sie dann eine Theorie?

Wenn wir keine Erklärung dafür haben, warum etwas funktioniert, sind wir sozusagen natürlicherweise geneigt, anzunehmen, dass der Erfolg eine Illusion ist. Zauberei scheint zu funktionieren, aber wir wissen alle, dass der Zauberer in Wirklichkeit ein Illusionskünstler ist. Um Zweifler zu überreden, müssen wir zeigen, dass Sokrates kein solcher Illusionskünstler ist. Und im Übrigen ist es intellektuell unbefriedigend, nur zu wissen, dass etwas funktioniert, ohne zu wissen, *warum*.

Nun zu Protagoras und zu den Relativisten. Protagoras' ganzer Satz lautet: »Der Mensch ist das Maß aller Dinge, sowohl all der Dinge, die sind, als auch derer, die nicht sind.« Dies bedeutet, dass rein gar nichts irgendetwas nur durch sich selbst ist, sondern alles, was ist, nur das ist, was es *für* jemanden ist. Für jemand anderen mag es etwas anderes darstellen, und dann eben tatsächlich etwas anderes für diesen anderen *sein*. Dementsprechend gäbe es keine Unterscheidung zwischen Schein und Sein. Wenn Ihnen etwas richtig erscheint, dann ist es, für Sie, auch richtig. Und wenn mir etwas falsch erscheint, dann ist es, für mich, auch falsch. Es gibt kein schlichtes richtig oder falsch, und dies bezieht sich auf jede Eigenschaft, nicht nur auf richtig und falsch. Wenn Ihnen etwas als ein Schwein erscheint und mir als ein Schaf, dann ist es eben für Sie ein Schwein und für mich ein Schaf. Es ist unmöglich, dass etwas, nur durch sich selbst, zu dieser oder zu jener Kategorie gehört.

Wenn also alles das ist, was es zu sein scheint, dann ist es unmöglich, etwas Falsches zu glauben. Und weil jeder Glaube wahr ist, alleine weil er geglaubt wird, sind Nachdenken und Vernunft überflüssig. Philosophie und jede andere intellektuelle Disziplin hätten keinen Sinn, nachdem ja Fehler unmöglich wären und Wahrheit keiner Suche bedürfte. Dieser extreme Relativismus ist das genaue Gegenstück von Philosophie und seine weitverbreitete Popularität ist das Aus für den wahren Philosophen. Für mich war es existentiell wichtig, diesen grassierenden Relativismus unschädlich zu machen.

Gut, ich denke, ich verstehe, weshalb Sie eine Theorie wollten, aber was genau besagt nun diese?

Vermutlich haben Sie gehört, dass man sie als Theorie der Formen bezeichnet, was etwas in die Irre führt, da suggeriert wird, es ginge nur um Umrisse. Man sollte sie besser als Theorie der Wesensarten oder Charakteristika bezeichnen. Erinnern Sie sich an die Art von Fragen, die Sokrates zu stellen pflegte: Was heißt es, heilig zu sein, beispielsweise, oder gerecht, mutig oder schön? Sie sehen, dass dies Fragen nach der Natur des Heiligen, des Richtigen, des Mutigen oder des Schönen sind. Achten Sie nicht so sehr auf das Wort, die Theorie befasst sich mit genau diesen Dingen und ihrer Entdeckung.

Ich würde sagen, die Theorie lässt sich am besten in ein oder zwei Minuten darlegen, indem man sie auf sechs grundlegende Hauptsätze reduziert. Erstens gibt es für alle Dinge, die zu einer Art gehören, eine gemeinsame Wesensart. Schöne Dinge besitzen alle Schönheit, alles, was groß ist, besitzt Größe, Menschen besitzen alle Menschlichkeit und so weiter. Zweitens weist das Innehaben dieser Wesensarten die jeweiligen Dinge als die Dinge aus, die sie sind. Schönheit macht schöne Dinge schön, Größe alles, was groß ist, groß und so weiter. Drittens sind diese Wesensarten notwendig wie sie sind und sie verweisen mit Notwendigkeit aufeinander. Schönheit zum Beispiel ist immer und notwendigerweise das Gegenteil von Hässlichkeit; Weisheit ist immer und notwendigerweise eine Tugend. Viertens ist Philosophie, zumindest in erster Linie, die Untersuchung dieser Wesensarten, was wiederum nicht bedeutet, dass jede Wesensart ein geeigneter Gegenstand der Philosophie ist. Die Wesensart des Schweins oder des Wassers mag unseren Horizont gut und gerne übersteigen – aber dies sind schlicht nicht die Dinge, die uns am Herzen liegen. Die fünfte Prämisse ist, dass wir mittels unserer Vernunft, und nicht unserer Sinne, zur Wahrheit über diese Wesensarten gelangen. Das letzte, allgemeine Prinzip ist, dass dieser Erkenntnisgewinn nur aufgrund der Tatsache möglich ist, weil der Fragende zuvor schon Wissen bezüglich dieser Wesensarten hatte.

Das ist mit Sicherheit eine anspruchsvolle Theorie; aber ich habe eine Frage bezüglich dieser Dinge, die Sie gerne Wesensarten nennen. Wo genau existieren sie? Wenn sie nur in den Dingen sind, die sie aufweisen, heißt das nicht, dass sie irgendetwas sind, denn die Dinge, in denen sie sind, sind vergänglich. Wenn sie allerdings außerhalb der Dinge sind, die sie aufweisen, weiß ich nicht, wo auf Erden oder im Himmel sie sein sollten.

Ich stelle fest, dass Sie während der Frage nach ihrem Ort in den Himmel blicken – wenn Sie so weitermachen, werden Sie nichts anderes als einen steifen Nacken bekommen. Ich meine deutlich gemacht zu haben, dass wir über das Denken, nicht über das in die Luft-Gucken, diese Dinge finden werden. Ihr Unverständnis verdeutlicht, was ich die ganze Zeit gesagt habe: nur nach intensivem Studium und einer langen Ausbildung sind wir überhaupt in der Lage, diese Wesensarten adäquat zu verstehen.

Unser Weg aus der Höhle

Unter den vielen literarischen Stilmitteln – Mythen, Metaphern und Gleichnissen – die Platon verwendete, dürfte das Höhlengleichnis wohl das eindrücklichste und aufschlussreichste sein. Eingeführt in der *Politeia* als Sinnbild unseres Bedürfnisses, uns zu bilden, veranschaulicht es weitaus mehr. Tatsächlich bringt Platon in diesem einen Bild fast seine gesamte Philosophie auf den Punkt.

Jeder, der auch nur im Geringsten mit Ihrem Werk vertraut ist, erinnert sich an das Höhlengleichnis. Obwohl es einem sehr lebhaft in Erinnerung bleibt, bin ich mir bezüglich seiner Bedeutung nicht ganz sicher. Was genau wollten Sie vermitteln?

In der Tat eine ganze Reihe von Dingen – nahezu all die wichtigen Punkte, die Sokrates in der *Politeia* erwähnt. Wenn Sie sich erinnern, sind die Gefangenen in der Höhle mit dem Gesicht zur hinteren Wand gefesselt und können nur Schatten an derselben erkennen. Diese Schatten werden von Puppen in Form von Menschen, Tieren und anderen Gegenständen geworfen, die von ein paar Leuten auf einem Wall hinter den Gefangenen hin und her getragen werden. Die Höhle wird nur schwach von einem Feuer hinter diesen Puppen erleuchtet. Es ist die ungebildete Masse der Menschheit, die von den Gefangenen dargestellt wird, und obwohl die Schatten nur umrisshafte Repräsentationen der wirklichen Dinge sind, stellen sie für diese Gefangenen die Realität dar. Damit wird einmal das mangelhafte Verständnis der Menschen von der Natur der Dinge, die sie sehen, dargestellt. Der Gefangene, welcher befreit und zum Feuer hin umgedreht wird, um die Nachahmungen der Schatten, die er für echt gehalten hatte, zu sehen, symbolisiert denjenigen, der die Fehler in dem erkennt, was er gelernt hat.

Der Gefangene wird dann gezwungen, den steilen Weg aus der Höhle hinauf ins Sonnenlicht zu gehen, womit die Schwierigkeit der mathematischen Ausbildung gemeint ist, die einen auf die Philosophie vorbereitet. Das Widerstreben des Gefangenen, diesen Weg zu gehen, steht sinnbildlich für den Studenten, der geneigt ist, anzunehmen, dass die Arbeit nicht der Mühe wert ist. Natürlich ist mit der Welt im gleißenden Sonnenschein außerhalb der Höhle der abstrakte Raum gemeint, den die Vernunft, so sie in der richtigen Art und Weise angewendet wird, der Seele erschließen kann. Sobald sich der Gefangene an das Licht dieser Außenwelt gewöhnt hat, entspricht er dem Philosophen, der mit der Dialektik vertraut ist. Und wenn der einstmalige Gefangene seine Augen so angepasst hat, dass er die Sonne selbst erkennen kann, ist er wie der Philosoph, der die Natur des Guten verstanden hat.

Das ist aber eine ziemlich anstrengende Reise für diese arme Seele. Ich verstehe, wie Ihre Geschichte die Notwendigkeit für die Art von Erziehung, die Ihnen vorschwebt und deren Schwierigkeit illustriert. Gibt es noch weitere Dinge, die wir in diesem Bild erkennen können?

Ganz bestimmt. Das Dilemma, das den wirklichen Philosophen erwartet, wird hier überdeutlich. Denken Sie mal kurz darüber nach, wie sehr sich das Leben des befreiten Philosophen von dem seiner früheren Kameraden unterscheidet. Sein Mitgefühl mit ihrer bedauernswerten Existenz – wenngleich sie selbst diese natürlich nicht so empfinden werden, da sie nichts außer ihrer Schattenwelt kennen – wird ihn dazu bringen, zurück in die Höhle zu kehren, um sie zu retten. Wenn er ihnen aber sagt, dass ihre Welt bloße Illusion ist und dass die wirkliche Welt noch viel großartiger und interessanter ist, werden sie zwangsläufig skeptisch sein. Gesetzt dem Fall, sie sind fair, werden sie seine angeblich höhere Weisheit auf die einzig ihnen zugängliche Art und Weise prüfen, nämlich: indem sie testen, wie lange er braucht, um die Schatten an der Wand zu erkennen. Da aber seine Augen natürlich das schwache Licht der Höhle nicht mehr gewöhnt sind und er mit dem Herzen auch nicht mehr bei diesem Ratespiel ist, wird er sehr schlecht abschneiden. Dies wiederum wird die anderen davon überzeugen, dass sein angebliches Wissen von einer höheren Realität Humbug ist, und sie werden ihn für seine überhebliche Haltung verurteilen. Könnten sie ihn erwischen, würden sie ihn töten.

Lassen Sie mich raten, Sie hatten bei der Geschichte Sokrates im Kopf?

Klar. Es waren zwar auch noch andere Motive bei seiner Hinrichtung im Spiel, aber die Feindseligkeit gegenüber seinem angeblichen Wissen muss ein wesentlicher Faktor gewesen sein.

Warum löst der befreite Gefangene nicht einfach die Fesseln der Übrigen und lässt sie selber sehen?

Das ist ein Gleichnis – man sollte es nicht wörtlich nehmen. Indem er mit ihnen redet und versucht, dass sie verstehen, versucht er, ihre Fesseln zu lösen. Wenn Sie nicht in der Lage sind, Gleichnisse, Mythen und Metaphern in dieser Weise zu verstehen, sollten Sie die Dialoge besser gar nicht lesen. Denn wenn Sie alles, was ich geschrieben habe, wörtlich nehmen, verstehen Sie mich völlig miss. Sie halten mich wohl für einen Einfaltspinsel.

Das tut mir sehr leid. Bitte verzeihen Sie meinen Mangel an intellektuellem Feinsinn.

Entschuldigung angenommen. Aber bemühen Sie sich!

Mathematik und die Suche nach Wahrheit

Von einem berühmten zeitgenössischen, französischen Mathematiker, Jean Dieudonné, stammt der Ausspruch, dass alle Mathematiker, die was taugen, Platoniker seien. Obwohl es eine gängige Vorstellung ist, der Mathematik ihren natürlichen Ort im Platonismus zuzuweisen, haben viele moderne Mathematiker das platonische Denken dennoch zurückgewiesen: zumindestens in der Geometrie sei wohl keine Wahrheit zu finden, geschweige denn zeitlose und notwendige Wahrheit. Platon muss begründen, was die Mathematik für seine eigene Philosophie und für seine Vorstellung, wie man sich am besten auf die Philosophie vorbereitet, bedeutet.

Sie haben immer die Wichtigkeit der Mathematik in der Erziehung der Philosophen betont. Warum?

Ich habe tatsächlich die Bedeutung der Mathematik zur Vorbereitung junger Menschen auf das Studium der Dialektik herausgestellt, aber ich möchte nicht den Eindruck hinterlassen, dass dies ihr einziger Zweck sei. Mathematik selbst ist ein faszinierendes und wichtiges Thema. Wenn man sie richtig beherrscht, ist sie ein Paradigma, um zu sicherem Wissen in der Wissenschaft zu gelangen. Wer sich nur einmal mit ihr vertraut gemacht hat, weiß ein wunderbares Beispiel der Art von Wissen anzugeben, die jeder denkende Mensch wertschätzen muss.

Denken Sie dabei an ihre praktische Anwendung in Dingen wie Landvermessung, Brückenbau oder Tischlerei?

Nein. Diese Anwendungen der Mathematik sind wichtig, aber doch zu offensichtlich, um sie zu erwähnen. Um was es mir geht, ist die Mathematik als abstraktes und universelles Wissen. Eine Eigenschaft von echtem Wissen ist, dass es wahr sein muss, und Mathematik zeichnet sich gerade dadurch aus, dass sie notwendigerweise wahr ist. Es ist nicht nur wahr in dem Sinne, wie es wahr ist, zu glauben, dass man Salzwasser nicht trinken kann. Was in der Mathematik wahr ist, kann in keinem Fall anders sein.

Betrachten Sie zum Beispiel den wundervoll einfachen, arithmetischen Sachverhalt, dass zwei plus drei gleich fünf ist. Wenn Sie nur einen Moment lang darüber nachdenken, erkennen Sie, dass es anders gar nicht sein könnte. Es gibt nichts, was irgendjemand, nicht einmal ein Gott, machen könnte, dass zwei plus drei mehr oder weniger als fünf ergäbe.

Wissen Sie, was mich schon immer ein wenig ins Grübeln gebracht hat, obwohl ich weiß, dass viele sagen, dieser Gedanke sei offensichtlich falsch. Es heißt, es ließe sich ganz einfach zeigen, dass zwei Viertel Sand und drei Viertel Wasser nicht, wenn Sie zusammengemischt werden, fünf Viertel nassen Sand ergeben. Wie würden Sie antworten?

Sie erwähnen da einen wichtigen Punkt, denn hier handelt es sich um ein völliges Missverständnis der Natur der Mathematik. Sie fragen nach dem Ergebnis, wenn Sie zwei verschiedene Substanzen zusammengeschüttet haben. Solche Mischergebnisse sind aber nicht Gegenstand der Mathematik. Mathematik sagt genauso wenig hierüber, wie sie etwas dazu sagt, ob das Ergebnis eine Explosion sein wird! Die Behauptung der Arithmetik, die wir hier prüfen können, bezieht sich rein darauf, dass im Falle unserer zwei Viertel hier und der drei anderen Viertel dort, eben fünf Viertel insgesamt zu zählen sind.

Vermutlich ist es nicht so einfach, dieselbe Notwendigkeit für die Geometrie zu erkennen wie im Fall der Arithmetik, aber denken Sie nur an den Vorschlag, den Sokrates Menon in meinem gleichnamigen Dialog macht. Er bringt Menons ungebildeten Sklaven zu der Erkenntnis, dass ein Quadrat, dessen Seitenlänge der Diagonale eines gegebenen Quadrats entspricht, die doppelte Fläche desselben hat. Versuchen Sie es selbst und zeichnen Sie mal ein Quadrat. Nun zeichnen Sie ein weiteres Quadrat ausgehend von der Diagonale des ersten. Wenn Sie die beiden Quadrate so betrachten, werden Sie sehen, dass das zweite genau vier Hälften des Originals beinhaltet. Mein Punkt ist nun nicht zu sagen, dass das wahr ist, sondern dass nichts denkbar ist, was das Verhältnis dieser beiden Quadrate zueinander ändern könnte. Solange es sich dabei um genau diese beiden Quadrate handelt und nicht um andere, ist das Verhältnis des einen gegenüber dem anderen unabänderlich.

Nun bin ich aber verwirrt. Sie bitten mich, ein paar Zeichnungen anzufertigen und sie zu betrachten. Unterminiert das nicht Ihren Glauben, dass geometrische Wahrheiten durch Denken, durch die Vernunft alleine einsichtig werden?

Nein. Sie haben eine Eigenschaft des geometrischen Denkens erkannt. Zwar verwendet ein Geometer Zeichnungen als Stütze, aber jeder Geometer weiß auch, dass eine Zeichnung Fehler aufweist. Keine gezeichnete Linie wird perfekt gerade oder in einer gleichmäßigen Kurve verlaufen. Genauso wird keine Linie jemals keinerlei Dicke aufweisen. Die geometrischen Theoreme beziehen sich auf Figuren, deren Ränder perfekt sind. Insofern, wenngleich Zeichnungen in der Geometrie verwendet werden, werden sie es nur zu dem Zweck, um uns die Form ins Gedächtnis zu rufen. Sie sind nicht selbst diese Formen.

Aber wenn diese abstrakten Wahrheiten Ihrer Mathematik unabhängig von der Empirie gelten, geben Sie dann nicht damit deren Nützlichkeit in praktischen Angelegenheiten auf?

Aber warum denn? Wenn Sie möchten, können wir zwischen reiner und angewandter Mathematik unterscheiden. Bisher haben wir von der reinen Mathematik gesprochen, und die kann natürlich in vielerlei Hinsicht zu einem guten Zweck verwendet werden. Denken Sie nur an eine Anwendung, die zumindest zu meiner Zeit gut bekannt war: Astronomie. Obwohl man damals über die Mathematik des Himmels nichts wusste, hatte man erkannt, dass sich die Bewegungen dort oben mathematisch beschreiben lassen müssten. Selbstverständlich ist man nicht davon ausgegangen, dass die Bewegungen der Himmelskörper exakt den mathematischen Modellen entsprechen würden. Nichtsdestoweniger konnte die Mathematik sehr gewinnbringend angewendet werden, um die Himmelsbewegungen zu verstehen. Mathematik lässt sich auf die physische Wirklichkeit anwenden, man muss dabei nur vorsichtig vorgehen.

Das erscheint mir durchaus richtig, und tatsächlich wird die Mathematisierung der Physik der vergangenen Jahrhunderte im Allgemeinen für den größten Fortschritt in der Wissenschaftsgeschichte gehalten. Ein Isaac Newton gilt aufgrund seiner Erfolge oft als das größte Genie des letzten Jahrtausends. Nachdem Sie aber die Mathematik und die Mathematiker so sehr gelobt haben, weshalb stellen Sie das mathematische Denken im Staat doch eine Stufe unter die Philosophie?

Sie erinnern sich bestimmt, dass ich das philosophische Denken dialektisch genannt habe. Ein Charakteristikum der Dialektik ist, dass jede Meinung als Hypothese gilt – als etwas, das erst aufs Genaueste zu untersuchen ist, bevor man es akzeptiert. Mathematiker haben schlicht zu oft ihre Ausgangspunkte – ihre Axiome und Definitionen – als bloße Annahmen akzeptiert und sie nicht noch einmal genauer geprüft. Von solchen, bloß für stimmig gehaltenen Annahmen ausgehend, haben sie dann sehr genau ihre Konsequenzen abgeleitet, wo doch diese Konsequenzen keinen höheren Grad an Gewissheit aufweisen können als das, was zuvor angenommen wurde. Dialektik hingegen vertraut keinen bloßen Annahmen, und deswegen war ich der Meinung, dass jene Art zu denken dieser untergeordnet sein müsse.

Ich glaube, ungefähr zu verstehen, was Sie mit dem Denken der Mathematiker meinen. Was aber genau empfinden Sie als unzureichend an den Grundannahmen, von denen ausgegangen wird?

Die fundamentalsten Annahmen – nämlich Ziffern in der Arithmetik und Punkte, Linien und Oberflächen in der Geometrie – sind bei Weitem nicht adäquat definiert. Wenn Sie in die Geschichte der Mathematik blicken, werden Sie sehen, dass wir enorme Schwierigkeiten haben, zu sagen, was ein Punkt ist, was es heißt, dass eine Linie gerade ist, oder dass zwei Linien parallel sind. Auch in der Arithmetik ist die Einheit, von der all die anderen Ziffern ein Vielfaches darstellen, einigermaßen verwirrend. Obwohl sie eigentlich ein Einzelnes ist, würden wir auch zugeben, dass sie zweimal eine Hälfte und insofern ein Doppeltes ist. Komplikationen dieser Art wurden von den Mathematikern noch nicht gelöst.

Es mag sein, dass diese sehr philosophisch klingenden Fragen von den Mathematikern nicht zur Genüge in Betracht gezogen sind. Aber solange ihre Axiome und Definitionen keine echten Fehler enthalten, was macht es aus, sie so zu lassen, wie sie sind? In welcher Hinsicht irren wir, wenn wir auf dieser Basis zu unseren Schlussfolgerungen kommen?

Ich hatte schon einen Verlust erwähnt, den Sie erleiden, wenn Sie diesen Weg beschreiten: Sie verzichten auf die Möglichkeit, zu sicherem Wissen zu gelangen. Wenn Sie nicht davon ausgehen können, dass Ihre Definitionen und Axiome völlig gewiss sind, können Sie das, was Sie davon ableiten, auch nicht mit Gewissheit wissen. Mir erscheint es einigermaßen defätistisch, soviel kampflos aufzugeben.

Darüber hinaus dürfte es einen noch größeren Preis zu zahlen geben, wenn wir achtlos mit den Grundlagen umgehen, auf denen die Mathematik beruht. Eine meiner großen Sorgen ist, dass diese Achtlosigkeit im Umgang mit der Wahrheit der Prämissen dazu führen könnte, dass einige denken, es sei egal, ob sie wirklich wahr *sind*. Am Ende nimmt man sie für nicht mehr als willkürliche Ausgangspunkte. Tatsächlich kann ich mir jemanden vorstellen, der so weit ginge, zu behaupten, dass man in ihnen lediglich bedeutungslose Symbole sehen sollte, die nichts über wahr oder falsch aussagen. Im Falle der Geometrie würde dies den Weg bereiten, um von einer Vielzahl von »Geometrien« zu sprechen. Jede von diesen würde dann eben von unterschiedlichen »Axiomen« und »Definitionen« ausgehen und nicht eine hätte mehr Wahrheitsgehalt als irgendeine andere. Damit wäre nicht nur Gewissheit, sondern zugleich auch Wahrheit aufgegeben.

Ich weiß nicht, ob Sie hellsehen können oder ob Sie das in einem Buch über die Geschichte der Mathematik der letzten zwei Jahrhunderte nachgeguckt haben, aber Sie haben ziemlich genau das beschrieben, was tatsächlich passiert ist. Zu denjenigen, die diesen ernüchterten Standpunkt bezüglich der Geometrie einnahmen, gehörte Albert Einstein, der ja nun als das größte Genie des 20. Jahrhunderts gilt. Was halten Sie von der Akkuratheit ihrer Prophezeiung?

Dann ist alles verloren! Naja, nicht ganz. Ich bin Optimist genug, um anzunehmen, dass die meisten Mathematiker, genau wie jener Franzose, den Sie eingangs erwähnten, sich für die Schönheit der Mathematik und den Nervenkitzel der Entdeckung begeistern werden können und sich weigern werden, die Suche nach Wahrheit aufzugeben.

Platonismus neu betrachtet?

Für viele Leser macht Platon im *Parmenides* den Eindruck, als sei er im Alter zu einer anderen Auffassung bezüglich seines theoretischen Herzstücks gelangt – bezüglich der Theorie der Formen, die wir Platonismus nennen. In diesem Dialog lässt er den ehrwürdigen Philosophen Parmenides einige Einwände gegen die platonische Theorie des jungen Sokrates vorbringen. Eines seiner gegen Sokrates vorgebrachten Argumente ähnelt demjenigen sehr stark, welches Platons brillanter Student, Aristoteles, ganz offensichtlich als verheerend für den Platonismus erachtete. Viele Wissenschaftler stimmten hierin mit Aristoteles überein, und man vermutet, dass auch Platon gesehen haben muss, dass seine Theorie unhaltbar war.

Viele moderne Leser ziehen aus einem Ihrer späteren Werke den Schluss, dass Sie Zweifel am Platonismus hatten. Nachdem Sie selbst diese Einwände vorgebracht haben, geht man davon aus, dass Sie Ihre eigene Theorie aufgegeben haben. Ist das wirklich so?

Ich denke, dieser Eindruck entsteht aufgrund einer flüchtigen, unachtsamen Lektüre des *Parmenides*-Dialogs. In diesem Dialog reist Parmenides als alter Mann aus seiner Heimat Italien nach Athen, wo er auf den jungen Sokrates trifft. Dieser ist schon von dem überzeugt, was Sie Platonismus nennen, nämlich: dass alle Dinge einer Art ein gemeinsames Wesen teilen, beziehungsweise einer Form entsprechen, die sich von den Dingen selbst unterscheidet und unabhängig von ihnen ist. Parmenides ist sichtlich beeindruckt von der Klugheit des jungen Mannes. Dennoch bringt er einige Fragen und Vorbehalte vor, die den jungen Sokrates verblüffen. Er kann den Einwänden nichts entgegnen.

Parmenides selbst bietet einige Argumente an, doch er warnt den jungen Mann, dass dies bei Weitem noch nicht alles gewesen sein würde. Ich kann nur mutmaßen, aber ich nehme an, dass diejenigen, die glauben, ich hätte Zweifel an meiner Theorie, sich auf genau einen dieser

Einwände von Parmenides beziehen. Nachdem selbst mein eigener Student Aristoteles einen Aspekt der Theorie falsch verstanden hat, scheint mir das nahe zu liegen. Aristoteles dachte, dass, wenn man von einer einzigen Menschennatur, von einem Menschen unabhängig von allen existierenden Menschen, ausginge, um zu definieren, was einen Menschen ausmacht, man ein weiteres Wesen bräuchte – einen »dritten Menschen« – um zu definieren, was diese erste Menschennatur mit allen tatsächlichen Menschen gemein habe. Dies wiederum würde bedeuten, dass das, was als eine einzige Wesensart angenommen wurde, in zwei oder mehr aufgeteilt würde – was klar im Widerspruch zu meiner Theorie stünde. Einer der Einwände, die Parmenides vorbringt, nimmt sich ähnlich hierzu aus. Wie Sie sich denken können, hätte dies einem Platoniker einige Probleme bereiten müssen.

Dann haben die modernen Leser also recht und wir sollten diesen Dialog als Widerlegung des Platonismus durch Platon verstehen?

Sicher nicht, wenn Sie dem Dialog selbst folgen! Die Fragen und Einwände, auf die sich Ihre modernen Leser beziehen, werden in einer einführenden Passage angebracht. Der Hauptteil des Dialoges – tatsächlich Dreiviertel von ihm – zeigt, wie Parmenides dem jungen Sokrates die Form von Dialektik beibringt, die er benötigt, um die Einwände gegen diese Theorie zu entkräften. Selbstverständlich muss jede Einführung zu dieser Unterweisung einige Schwierigkeiten erstmal aufzeigen und sie ungelöst lassen.

Ganz abgesehen vom Kontext sollten Sie auch darauf achten, was Parmenides selbst sagt. Nachdem er seine Einwände vorgebracht hat und Sokrates' Unsicherheit bemerkt, erklärt er, dass Sokrates' Theorie schon richtig sein müsse. Sein einziger Fehler besteht darin, dass er mit der Philosophie in zu jungen Jahren angefangen hatte, noch bevor er anständig ausgebildet war. Die Ausbildung, die er nun brauche, so verspricht Parmenides, wird ihm ermöglichen, diese Gegenargumente zu durchschauen und auch all die anderen, die sicher aufkommen werden. Sie sehen also, dass sogar der Urheber der Einwände zugibt, dass sie gelöst werden können.

Und dennoch lässt der Dialog die Einwände ungeklärt. Könnten Sie mir nicht wenigstens einen Tipp geben, was mit ihnen nicht stimmt?

Also gut, nachdem Sie kein Philosoph und schon offensichtlich in einem Alter sind, wo es unwahrscheinlich ist, dass Sie noch mal einer werden, werde ich diese Frage beantworten. Ich gehe davon aus, dass sogar unter den Lesern Ihrer Tage Konsens darüber herrscht, dass Platonismus im Prinzip eine Unterscheidung zwischen den abstrakten Wesensarten – dazu gehören Ziffern und Formen – und den Dingen, die diese Wesensarten aufweisen, bedeutet. Die von Parmenides geäußerten Einwände haben alle denselben Fehler: Sie behandeln diese abstrakten Begriffe so, als ob sie mehr den Dingen ähnelten als dem, was sie tatsächlich sind. Die Unterscheidung zwischen dem, was wir über unsere Vernunft und dem, was wir über unsere Sinne erkennen können, ist fundamental. Parmenides scheint dies in allen seinen Einwänden nicht zu erkennen.

Bislang hatten Sie allerdings nur geringen Erfolg, spätere Philosophen von dieser Unterscheidung zu überzeugen oder auch das Projekt Ihrer politischen Philosophie voranzutreiben. Was halten Sie dann angesichts dessen, was Ihnen als ein Unverständnis so vieler Ihrer Leser erscheinen muss – und dies immerhin über Jahrhunderte – von Ihrem Lebenswerk? Gibt es etwas, das Sie besonders bedauern?

Sie meinen, ob ich irgendetwas in Bezug auf mein eigenes Handeln und Leben bedaure? Nichts, was mich wirklich belasten würde. Ich hatte immer das Gefühl im Hinterkopf, Sokrates' Beispiel entsprechend leben zu müssen. Ich hätte mir vorstellen können, eine aktive Rolle in der Politik zu spielen, aber dies erschien mir, unter den gegebenen Umständen, weder auf eine ehrenvolle noch auf eine sichere Art und Weise möglich. Insofern besann ich mich auf das intellektuelle Leben und hoffte, durch die Hinführung anderer zur Philosophie dazu beizutragen, genau die Umstände herbeizuführen, unter welchen ehrenhafte Menschen hoffen könnten, einen politischen Umschwung herbeizuführen. Es war mein Glück, dass diese Pflicht, die ich empfand, ziemlich genau meinem tiefsten persönlichen Verlangen entsprach. Ab dem Moment, da ich Sokrates kennengelernt hatte, war ich von der Philosophie begeistert, und sie brachte mir größtes Vergnügen und Erfüllung.

Aber hatten Sie nie den Eindruck, dass Sie mit Ihrem Rückzug vom politischen Leben eigentlich nicht Sokrates in seinem beispielhaften persönlichen Mut gleichkamen?

Also, erstens fragt man einen Mann nicht, ob er nicht genug Mumm habe! In jedem Fall kam mir nie der Gedanke, dass ich in dieser Hinsicht gefehlt hätte. Wie auch die anderen habe ich meinen Militärdienst geleistet, und in der Versammlung habe ich unter Lebensgefahr einen Angeklagten verteidigt, den niemand anderer verteidigt hätte. Das ist jetzt nichts, wofür ich mich rühme, aber ich habe nicht das Gefühl, dass ich hätte mehr riskieren müssen, als ich es getan habe.

Vielleicht hätte ich mehr in meinem Leben tun können, aber vielleicht ist es auch für einen Mann und ein Leben genug, den Weg aufzuzeigen, den andere gehen können.

Vielleicht. Platon, ich danke Ihnen für das Gespräch und wünsche Ihnen alles Gute.

Nachschub gefällig? Leseempfehlungen

Platons Dialoge

Die Dialoge sind in vielen Ausgaben erhältlich. Hier zwei empfehlenswerte Standardübersetzungen:

Platon: *Sämtliche Dialoge*, (hg. v. Otto Apelt, Kurt Hildebrandt, Constantin Ritter und Gustav Schneider, PhB Sonderausgabe. Unveränderter Nachdruck der Ausgabe von 1920/22), Hamburg: Meiner 2004.

Platon: *Sämtliche Werke* Bd. 1: Apologie des Sokrates, Kriton, Ion, Hippias II, Theages, Alkibiades I, Laches, Charmides, Euthyphron, Protagoras, Gorgias, Menon, Hippias I, Euthydemos, Menexenos. (hrsg. v. Ursula Wolf in der Übersetzung von Friedrich Schleiermacher), Reinbek: Rororo 2004.

Euthyphron ist die beste Einführung in die sokratische Methode und in den Platonismus. In der *Apologie*, Sokrates' Verteidigung vor Gericht, wird der Charakter desjenigen Mannes deutlich, den Platon so sehr bewunderte, und in der *Politeia*, dem Klassiker schlechthin, werden die Herzstücke des platonischen Denkens mehr als in allen anderen gegenwärtig.

Kommentare

Friedländer, Paul: *Platon* (3 Bände), Berlin: de Gruyter 1928 ff.

von Kutschera, Franz: *Platons Philosophie*. (3 Bände), Paderborn: mentis 2002

Hülser, Karlheinz: *Platon für Anfänger. Der Staat*, München: dtv 2005.

Blackburn, Simon: *Platon. Der Staat* (übersetzt von Andreas Hetzel), München: dtv 2007.

Thematische Ergänzungsliteratur

Gaiser, Konrad: *Platons ungeschriebene Lehre*, Stuttgart: Klett-Cotta 1998.

Krüger, Gerhard: *Einsicht und*

Leidenschaft. Das Wesen des platonischen Denkens, Frankfurt a. M.: Klostermann 1992.
Krüger, Gerhard: *Eros und Mythos bei Plato*, Frankfurt a. M.: Klostermann 1982.
Ries, Wiebrecht: *Platon für Anfänger. Symposion*, München: dtv 2003
Schmitt, Arbogast: *Die Moderne und Platon*, Stuttgart: J. B. Metzler Verlag 2003.
Von Fritz, Kurt: *Platon in Sizilien und das Problem der Philosophenherrschaft*, Berlin: de Gruyter 1968.
Von Fritz, Kurt: *Platon, Theaetet und die antike Mathematik*, Darmstadt: Wissenschaftliche Buchgesellschaft 1969.
Wieland, Wolfgang: *Platon und die Formen des Wissens*, Göttingen: Vandenhoeck und Ruprecht 1999 (2. Auflage).

Kontextliteratur

Diogenes Laertius: *Leben und Meinungen berühmter Philosophen*, (2 Bände, übers. v. Otto Apelt), Hamburg: Meiner 2008.
Ottmann, Henning: *Geschichte des politischen Denkens: Band 1: Die Griechen* (2 Teilbände), Stuttgart: Metzler 2001.